언니의 상담실

언니의 상담실
정신과 전문의 반유화가 들려주는 나를 돌보는 법

초판 1쇄 발행 / 2022년 8월 30일

지은이 / 반유화
펴낸이 / 강일우
책임편집 / 곽주현
조판 / 박지현
펴낸곳 / (주)창비
등록 / 1986년 8월 5일 제85호
주소 / 10881 경기도 파주시 회동길 184
전화 / 031-955-3333
팩시밀리 / 영업 031-955-3399 편집 031-955-3400
홈페이지 / www.changbi.com
전자우편 / human@changbi.com

ⓒ 반유화 2022
ISBN 978-89-364-7918-3 03180

* 이 책 내용의 전부 또는 일부를 재사용하려면
  반드시 저작권자와 창비 양측의 동의를 받아야 합니다.
* 책값은 뒤표지에 표시되어 있습니다.

정신과 전문의
반유화가 들려주는
나를 돌보는 법

언니의 상담실

반유화 지음

창비
Changbi Publishers

각자의 자리에서
하루를 시작하고 있을 당신에게

  여러분의 하루하루는 어떤 모습인가요? 1년의 시작인 1월은 겨울이지만, 우리는 보통 사계절을 봄, 여름, 가을, 겨울의 순서로 말하곤 하는데요. 시작하는 계절인 지난봄, 저는 뉴스레터를 통해 여러분과 함께 '언니의 상담실'을 기쁜 마음으로 열었습니다. 그리고 어느덧 한 계절을 훌쩍 지나 뜨거운 여름을 보내고 있네요.

  간단히 제 소개를 할게요. 저는 여성학을 공부한 정신건강의학과 전문의로, 약물치료를 포함한 정신의학의 모든 관점을 활용하지만 주로 정신분석적 정신치료 위주의 진료를 하는 편이고요, 2021년에는 『여자들을 위한 심리학』이라는 책을 출간한 바 있습니다. 정신의학(특히 정신분석)과 여성학은 내용이나 방법론 등에서 전혀 다른 학문임에도 불구하고, '설명할 수 없던 고통'에 이름을 붙이고, 그것을 언어화하고, 의식 consciousness 으로 끌어올리는 역할을 한다는 점에서 놀랄 만큼 통하는 지점이 있습니다. 이 지점을 활용하여, 진료실에서 개인이 스스로를 더 잘 이해하고 자기 자신과 친밀해지도록 도우려 했고, 책을 통해서도 그러고자 했습니다.

이 책은 여러분의 사연을 담은 편지에 제가 답장을 드리는 방식이라는, 저로서는 새로운 시도를 통해 만들어졌습니다. 당연히 저 혼자 할 수 없는 작업이었습니다. 편지가 있어야 답장도 있을 수 있으니까요. 답답한 것, 힘든 것, 궁금한 것 등 여러 고민이 담긴 편지에 응답하며 연재되었던 '언니의 상담실' 뉴스레터 내용에, 그때 미처 나누지 못했던 이야기들이 더해져 이렇게 책으로 여러분을 다시 만나게 되었습니다.

사실 '언니의 상담실' 속 편지들은 일종의 '공개서한'이었던 셈인데요. 견고한 신뢰관계가 쌓인 진료실에서 일대일로 내밀하게 전달되는 대화와, 불특정 다수를 향하는 글 사이의 어디쯤이 바로 이 편지의 위치겠지요. 그렇기 때문에 균형을 잘 잡아나가는 것, 즉 사연 한편만으로 모든 걸 단정하게 되는 위험은 최소화하면서도 실질적이고 구체적으로 도움이 될 만한 이야기는 최대한 많이 들려드리는 것이 저의 제일 중요한 목표였습니다. 그 목표에 담긴 바람대로, 여러분이 일상을 잘 걸어나갈 수 있는 힘을 이 책에서 받게 된다면 좋겠습니다.

책과의 여정이 끝날 때쯤 여러분이 자기 자신과 아주 조금이라도 더 가까워질 수 있기를 바라며, 매일 새롭게 걸어나갈 그 길에 응원을 보냅니다.

반유화 드림

차례

언니의 상담실

일러두기

이 책에 등장하는 모든 사연은 사연 작성자의 동의를 받아 각색한 내용입니다.
본문의 예시 등은 실제 인물과 무관하며, 사연 속 이름은 모두 가명을 사용했습니다.

Sister's counseling room

무기력함을
어떻게 견뎌야 할까요?

다들 일과를 마치고 집에서 뭘 하나요? 저는 일단 퇴근하고 집에 돌아오면 몸도 마음도 완전히 지쳐서 소파에 드러눕기부터 합니다. 배는 고픈데 음식을 해 먹을 기운은 없으니 매일 배달 음식을 시키고요. 비싸고 맛없는 배달 음식을 먹은 후에 쌓이는 무수한 일회용 쓰레기, 그리고 기분 나쁜 포만감에 후회와 자책을 반복합니다. 내일부터는 건강하게 먹어야지 다짐하며 잠이 들다가도 다음 날 또 도돌이표예요.

누구는 취미생활을 즐겨보라고 하고, 누구는 또 사람을 만나보라고도 합니다. 그런데 저는 이렇다 할 취미가 없어요. 퇴근 후 아무 기력이 없는데 사람을 만나기도 피곤하고요. 배달 음식을 앞에 두고 유튜브나 넷플릭스만 뒤적이는 게 일상이에요. 사실 딱히 보고 싶은 것도, 즐겨 보는 콘텐츠가 있는 것도 아닌데 관성적으로 알고리즘을 따라가게 돼요. 그러다보면 새벽 한시, 두시가 훌쩍 지나고, 다음 날 아침이 오는 걸 괴로워하며 억지로 잠을 청합니다.

그러다 코로나19가 시작되었습니다. 마스크 착용이나 체온 체크 같은 건 금세 익숙해졌는데 온종일 혼자 있는 건 도무지 익숙해지지 않네요. 재택근무를 하게 되었거든요. 저는 1인가구여서 같이 사는 가족도 없습니다. 아무도 만나지 않고 아무 말도 하지 않고 보내는 날이 많아졌어요.

출퇴근할 필요가 없으니 아침에는 최대한 늦게 일어나고, 밤에는 내일 아침 늦게 일어날 수 있다는 생각에 점점 더 늦게 자기 시작했어요. 생활 리듬이 무너지고, 밖을 나가지 않으니 오늘 날씨가 어떤지도 모르겠고, 사람과 대화를 하지 않으니 점점 더 유튜브에만 빠져드는 것 같아요. 사실 유튜브가 재미있지도 않아요. 재미있는 게 뭔지 모르겠어요. 이제 볼만한 영상은 다 본 것 같기도 하네요. 친한 친구들은 하나둘 결혼해서 가정을 꾸렸기에 심심할 때 부

를 친구도 마땅치 않고, 지금은 만나는 애인도 없어요. 그
냥 배달 음식을 앞에 두고 동영상을 틀어두는 게 제 한심한
일상이에요. 항상 혼자 있어서 외로운 건지 무기력한 건지
구분도 잘 안 돼요. 모르겠어요, 뭘 어디서부터 어떻게 해
야 할지… 이렇게 지내는 게 맞는 걸까요? 저는 이 단조롭
고 무기력한 일상을 벗어날 수 있을까요?

예지씨에게

예지씨 마음 안에 지금 어떤 것들이 들어 있을지 상상해보았습니다. 그 마음 안에는 무언가 붕 떠서 부유하는 느낌도 있을 것 같고, 반대로 물먹은 솜처럼 가라앉는 느낌도, 어둡고 텅 빈 진공 상태 같은 고요함도 있지 않을까 하고 짐작해봅니다. 눈물이 날 것만 같으면서도 어쩐지 펑펑 울지는 못하는 심정은 아닐까 싶기도 하고요.

이렇게 지내는 게 맞는 거냐고 물으셨어요. 살아가는 모습에 정답이 있는 것은 아니지만, 예지씨의 일상이, 방금 예지씨 마음을 상상했을 때 전해지는 감정들과 단단한 연관이 있는 건 분명해 보입니다. 그리고 사실 예지씨 자신은 이미 이렇게 생각하고 있어요. '나는 이렇게 살고 있지만 계속 이렇게 살고 싶지는 않다'라고요. 그 강력한 욕구가, 외로움과 무기력함의(네, 둘 다인 것 같아요) 무거운 담요 밑에서 신호를 보내고 있네요. 제가 받은 편지가 바로 그 증거입니다.

당신에게 궁금한 것이 너무나 많습니다. 언제부터 이 신호가 울렸을까? 코로나19가 장기화하지 않았다면 과연 울리지 않았을 신호일까? 예지씨는 원래 어떤 사람이었을까? 직장에 만족하고 있을까? 취미 같은 건 원래 없었던 것일까, 아니면 있었는데 흥미를 잃은 것일까? 가족들과 사이는 어떨까? 물리적으로만 떨어져 있을 뿐 계속해서 (단순 생존 확인 이상의, 온기가 있는) 대화를 나누는 사이일까, 아니면 데면데면한 사이일까? 혹시 갈등이 깊은 사이일까? 그러다가 친구와 애인에 대해 언급한 부분에서는 잠시 멈칫할 수밖에 없었어요. 친구들이 다들 결혼하기 전이었다면, 사람 만나는 게 피곤하다는 예지씨도 그들과 어울리면서 적적한 마음을 달래며 외로움을 잊었을까? 그리고 '애인이 없다'… 예지씨는 연애나 결혼에 대해 어떤 입장을 가진 사람일까?

저는 지금 예지씨가 생애주기에서 중요한 변화의 한가운데에 있으며, 이것이 예지씨의 고통에 결정적인 영향을 주고 있다고 봅니다. 친구들과 더이상 기존의 방식대로 지내기 어려워진 것, 즉 과거의 그들과 이별하게 된 일은 (그들을 정말로 잃었다는 건 아니지만) 중요한 사건입니다. 나 자신의 한 시절과의 이별이기도 합니다. 그렇게 내 삶의 한 챕터를 넘기면서 맞이하는 다음 챕터의 도입부는 낯설게 느껴집니다. 감히 말해보자면, 생애주기의 전환기를 맞이하는 감정을 들여다보고, 과거와의 이별을 애도하고, 관계 맺기 방식의 변화를 도모해야 함을 받아들이고, 앞으로의 나의 입장을 점검해보는 과정이, 지금의 예지씨에게 잘 이루어지지 못하고 있는 것 같아요.

이런 종류의 변화는 그 나이대 사람들이 대체로 비슷한 시기에 치르는 졸업 같은 생애 이정표와는 달리 점차적으로 일어난다는 데 그 이유가 있기도 합니다. 모든 친구가 한날한시에 "나 이제 결혼해. 우리가 서로의 공간을 아무렇지도 않게 들락거리고 언제든 연락할 수 있던 시절은 안녕이야!"라고 선언하는 의식을 치르는 것이 아니거든요. 하나씩 하나씩 일어난 일인데, 모두가 무대를 떠나고 어느새 자신만 그 자리에 그대로 머물러 있는 기분이 됩니다. 다 함께 노래를 부르다가 노랫소리가 하나둘 사라지고 내 목소리만 남게 된 느낌이라고 할까요? 누가 잘못한 게 아닌데도 기묘한 배신감마저 들 수 있어요. 이 배신 감이 어디를 향해야 할지도 모르겠고요. 좋은 대상^{object}• 이 사라지면, 그것은 각자에게 '사라진' 좋은 대상이 아 닌 '나쁜' 대상으로 느껴지기도 합니다. 의식 수준에서 정 말로 나쁘다고 믿는다는 게 아니라, 마음속 깊은 곳 누구 에게나 있는 비언어, 비합리의 공간에서 '마치 그런 것처 럼'$^{as\ if}$ 느낄 수 있다는 뜻입니다.

땅이 좀더 단단해진 뒤에 파내야
속에 묻힌 것들을 잘 발견할 수 있습니다

예지씨의 현재는 스스로 묘사한 것처럼 한심한 상태 가 아니라, 이러한 고통으로부터 힘껏 멀어지려는 과정에 서 끌어안게 된(물론 이것이 또다른 고통을 불러왔지만 요) 상황 같아요. 그리고 고통과 멀어지려는 과정에는 필 연적으로 '나 자신'과 멀어지는 과정이 포함될 수밖에 없 습니다. 외로움은 꼭 다른 사람과의 단절만을 의미하지 않습니다. 내가 나의 다양한 생각과 감정, 감각으로부터

• 정신의학에서 대상(object)이란 개인이 감정을 투여한 존재를 뜻합니다. 사람뿐만 아니 라 사물, 장소, 이미지, 생각, 환상 등 다양한 것을 의미할 수 있습니다.

거리를 둘 때, 진짜 외로움이 찾아옵니다.

예지씨는 영상이라는 형태의 자극만을 선택하고 있습니다. 영상을 볼 때만큼은 나의 진짜 고통을 마주하지 않을 수 있거든요. 제대로 쉬었다는 느낌은 아마 안 들 거예요. 뇌는 진짜 고통을 봉인해놓은 아슬아슬한 상태를 유지하려고 무지하게 애쓰는 중이니까요. 그러다보면 점점 '나'라는 사람에 대한 감각, 그리고 현실감이 모호해집니다. 이 진공의 상태는 그 순간만큼은 최선의 선택처럼 보이지만 결과적으로 예지씨에게 도움이 되지 못합니다.

자, 그렇다면 저는 지금 예지씨에게 바깥으로 나가 서둘러 누구든 만나라고 말해야 할까요? 예지씨가 쉽게 그럴 수 있었다면 저에게 이 편지를 보내지 않았을 것입니다. 예지씨가 언급했듯, 지금은 관계를 찾아나설 힘도 없잖아요. 지금까지 제가 열심히 관계에 대해 말했지만, 앞으로 어떻게 하면 좋을지에 대한 제안들에서는 정작 타인에 대한 이야기는 거의 하지 않을 겁니다. 지금은 나와 멀어지는 데 에너지가 무척 소진된 상태이기 때문에, 갑자기 외부 세계로 훅 나가는 목표를 세웠다가 잘되지 않으면 더욱 자책하게 될 가능성이 큽니다. 그렇기 때문에, 그리고 타인과 가까워지는 것보다는 나 자신과 가까워지는 일이 더 중요하고 시급한 과제이기 때문에 나 자신에게 집중해야 합니다.

여기서부터 좀 헷갈릴 수 있는데요. 나 자신과 가까워지는 방법은 역설적으로, 자기 자신의 '근본적인 부분'에 대한 생각과는 오히려 잠시 멀어지는 일입니다. 물론 앞에서 말씀드렸듯 언젠가는 반드시 (생애전환기에 대한 고찰을 포함한) 근본적인 부분을 들여다봐야 합니다. 그러나 지금은 아니에요. 제대로, 건강하게 들여다볼 수 있는 상태를 먼저 만들어야 해요. 지금 상황에서 근본적인 고찰을 바로 시작하는 건 늪에서 땅을 파겠다는 것과 같습니다. 땅이 좀더 단단해진 뒤에 파내야 속에 묻힌 것들을 잘 발견할 수 있습니다.

나와 가까워지기 위한 노력을
하나씩 해봅시다

하나씩 말씀드릴게요. 먼저 저에게 편지를 보낸 바로 그 순간의 상태를 예지씨의 '기본값'이라고 생각하세요. 나쁜 상태가 아니라 본전이고 출발점인 거예요. 그리고 여기에 조금씩, 아주 조금씩 무언가를 더해간다고 생각해주세요. 근본적으로 무언가를 확 바꾸어야 한다고 생각하지 마세요. 그러면 금세 소진되고 자책하게 됩니다. 다음으로, 자신을 환불 및 교환 불가능한 기계라고 생각해주세요. 미우나 고우나 고쳐 쓰고 기름칠해주어야 하는 기계 말이에요. 자기 자신과 가까워지라더니 갑자기 스스로를 사람이 아니라 기계라고 생각하라니, 이상하죠? 지금 상태에서 조금이라도 변화를 추구하려고 하는 순간 수많은 생각들이 사람인 예지씨에게 이렇게 속삭일 겁니다. '어차피 이러다 말겠지' '그냥 살던 대로 살아'라고요. 그런데 기계는 아무리 속삭여도 말을 못 들어요. 고장 나거나 삐걱대면 수리하고 기름칠하는 수밖에요. 머리를 비우세요. 영상을 볼 때는 오히려 머리가 꽉 차 있었던 겁니다.

그리고 시간의 흐름을 느끼기 위한 작업들을 하시기 바랍니다. 현실감을 획득함으로써 나와 가까워지는 중요한 작업입니다. 예를 들어볼게요. 해가 떠 있을 때는 블라인드를 올리거나 커튼을 걷거나, 주어진 주거 환경 내에서 어떤 식으로든 해가 떠 있다고 자신에게 알려주세요. 재택근무를 할 때는 일을 시작하기 전에 외출복으로 꼭 갈아입어주세요. 불편하다면 적어도 잘 때 입는 옷과는 다른 옷을 입어주세요. 일할 때는 타이머를 맞추어놓고 45분 근무 후 15분을 쉬어주세요(40분 근무하고 20분 쉬어도 돼요. 30분 근무하고 30분 쉬어도 되고요). 하루가, 일주일이, 한달이 가는 것을, 시간이 흐르고 있다는 것을 알아차리기 위해 모든 방법을 동원합시다. 휴대폰으로 날짜와 시간을 다 알 수 있는 세상이지만, 지금 같은 상황에서는 아날로그적인 방법이 더 낫습니다. 탁상 달력을 사서 책상 위에 놓고 넘겨주세요. 일력이면 더 좋아요. 한장씩 뜯어내면서 매일을 감각할 수 있거든요. 요즘에는 유튜브에 한강이나 바닷가 등의 풍경을 실시간으로 방송하는 라이브 캠 채널도 많아요. 그런 것도 틀어놓으면 좋겠네요.

이제는 신체의 감각으로 가볼게요. 몸이야말로 '나'이고 내가 딛고 있는 '현실'입니다. 몸으로 최대한 다양한 감각을 느끼고 또 움직였으면 합니다. 신체가 자극될수록 예지씨의 뇌는 제대로 쉴 수 있습니다. 감각에는 다섯가지가 있죠. 시각, 청각, 촉각, 후각, 미각. 그중 자신이 사용 가능한 감각을 모두 조금씩 건드려주는 것도 좋고요. 좋은 향이 나는 향초를 피운다든가… 하는 방법들도 있기는 한데요. 이런 것들도 좋지만, 외부로부터 감각을 흡수하는 동시에 내가 내 몸을 움직이면서 나를 통제^{control}하고,

그럼으로써 내가 나의 주인이 되는 일을 한번에 해치우는 (?) 제일 좋은 방법은 산책을 하는 거예요. 거창한 건 아니고요. 재택근무 중일 때도 점심시간을 설정해서 최소한의 준비만 하고, 예를 들어 딱 선크림만 얼굴에 바른 후 몸을 움직여서 가까운 공원, 놀이터, 어디로든 이동하기도 하고 벤치에 앉아 있기도 해보세요(선크림은 웬만하면 발라주세요…). 나무나 풀, 개울이 있다면 너무 좋겠지만 없어도 괜찮아요(가로수라도 있으면 땡큐고요). 바람에 나무가 흔들리는 소리, 자판기에서 캔이 와당탕 떨어지는 소리, 아이들이 뛰어노는 모습, 보도블록과 발바닥이 닿는 촉감을 의식해보세요. 헬스장이나 요가 학원을 등록하는 것도 좋은 방법이고 이런 것들이 긍정적인 강제성을 부여해주기도 하지만, 그보다 일단은 더 단순한 형태의 경험을 먼저 해보면 좋겠어요.

세상과 나 사이의 다리를 품에 안은 채로 세계를 확장해나가는 겁니다

마지막으로, 자신만의 이행기 대상transitional object을 만들어보았으면 해요. 이행기 대상이란 영국의 정신분석가

도널드 위니콧Donald Winnicott이 언급한 개념으로, 아이가 양육자로부터 서서히 분리되어 외부 세계로 나아가며 성장하는 중간적 시기에 아이에게 안심과 위로가 되어주는 대상을 의미합니다. 아이에게는 인형이나 베개, 이불 같은 것이 보통 이행기 대상이 됩니다. 그런데 성인인 예지씨에게 제가 왜 이행기 대상을 만들어보라고 하냐고요? 이행기 대상의 효과는 넓게 적용될 수 있기 때문입니다. 성인인 우리에게도 이행기 대상이 세상과 나 사이의 다리 역할을 해줄 수 있습니다. 나 자신이 안전하게 존재하고 있다는 느낌을 물건이나 상징, 또는 행위를 통해 경험할 수 있는 겁니다. 그리고 이행기 대상이라는 다리를 건너 타인과 외부 세계를 더 풍부하고 편안하게 경험할 수 있습니다.

이행기 대상의 예로는 어떤 것들이 있을까요? 얼마 전 국립중앙박물관 뮤지엄 숍의 굿즈인 '반가사유상' 미니어처가 엄청난 인기를 끌고 있다는 소식을 본 적이 있어요. 책상 위에 두고 가만히 보면서 위안을 받는 사람들이 많다고 해요. 성인의 이행기 대상은 그런 것들입니다. 아이돌을 '덕질'하는 행위도, 아침마다 원두를 갈아 커피를 내려 마시는 행위도 나 자신이 부여하는 의미에 따라 이행기 대상이 될 수 있습니다. 거창하고 품이 많이 드는 것일 필요는 없습니다. 물론 '이행기'라는 말처럼, 영원히 그것에만 머물러 있는 게 아니라 그것을 품에 안은 채로 점차 자신의 세계를 확장해나가는 겁니다.

지금까지 말씀드린 것들을 한번에 다 하라는 게 절대 아니에요. 이 편지를 품고 있다가, 그냥 하고 싶은 것 하나만, 딱 하나만 정해서 먼저 해보세요. 근본적인 고찰은 나에게 시간성과 감각과 통제력을 부여하면서 스스로와 더 가까워진 후에 해보기로 해요. 그때 그것을 더 잘할 수 있어요. 확신합니다.

예지씨의 마음이 조금씩 더 편안해지기를 바라며, 이만 줄입니다.

추신. 배달 음식 먹던 습관은 어떻게 하냐고요? 이것도 그냥 지금처럼 죄책감을 느끼면서 시켜 먹는 것을 기본값으로 하고요. 일주일에 한번, 단 한끼만이라도 '치팅 데이'의 반대말을 하나 만들어서('그린 데이'라고 해볼까요?) 요리를 해보거나, 꼭 요리하지 않더라도 영양 균형을 갖추어 건강하다고 광고하는 도시락 같은 것을 속는 셈 치고 사 먹어보는 겁니다. '생각보다 할 만한데?'라는 생각이 들면 그때 그린 데이를 조금씩 늘려나가봅시다.

『야생의 위로』 에마 미첼 지음, 심심 2020

이왕이면 종이책으로 접해보았으면 해요. 저도 전자책을 좋아하지만, 이 책은 손으로 질감을 느끼며 한 페이지씩 넘겨 보면 좋겠습니다. 일단 책이 너무 예쁘고요, 표지와 본문의 여러 페이지에 멋지고 컬러풀한 사진과 일러스트가 있어요. 우울증을 오래 가지고 지낸 저자가 1년에 걸쳐 자신의 집 주변을 산책하면서, 계절의 변화를 느끼며 위로를 받는 내용입니다. 우리가 저자처럼 집 앞에서 자연을 가득 접하기는 어려울 수 있지만, 간접적으로나마 그 체험을 경험해보는 것도 좋은 위로가 되어줄 거라 생각해요.

「그래비티」 알폰소 쿠아론 감독, 2013

우주에 고립되어버린 라이언 스톤 박사가 지구로 귀환하기 위해 고군분투하는 과정을 다룬 영화입니다. 고요함, 적막함, 진공 상태 등 외로움을 은유하는 우주 공간에서 스톤 박사가 고통스럽게 자기 자신을 발견하고 외부 세계(지구)로 나아가는 과정을 지켜보는 일은 그 자체로 위안이 됩니다.

「봄날은 간다」 김윤아

우리는 마음이 힘들 때 기운을 북돋아주는 긍정적인 메시지에 위로를 받기도 하지만, 슬프더라도 공감이 가는 메시지를 접하는 것만으로도 도움을 받을 수 있어요. 삶이 흘러가며 필연적으로 발생하는 상실에 대해 노래한 곡인데요. 그 느낌에 함께 머물러보았으면 합니다.

완벽하지 않은 나,
그래도 괜찮을까요?

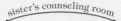

주변 사람들은 저를 보고 완벽주의자라고들 합니다. 학창 시절에 과제를 하거나 시험을 준비할 때 그런 소리를 자주 들었고, 회사에 들어온 후에도 비슷한 평을 들었어요. 그런데 스스로 생각해보면 제가 실수하지 않으려고 애쓰는 건 맞는데, 그렇다고 완벽주의자라고 할 수 있을지 잘 모르겠어요. 제가 본 제 모습은 완벽과는 거리가 멀거든요. 많이 덤벙대고 깜박깜박할 때도 많고…

저는 그저 실수하고 싶지 않을 뿐이에요. 실수하는 제 모습이 너무 싫고 마음에 들지 않아 두번 세번 확인하고 챙기지만 모든 일이 마음대로 되는 건 아닙니다. 그래서 어떤 사고가 생기면 본능적으로 남 탓을 하려 드는 것 같아요.

물론 티 내지 않으려고 노력하지만요. 이렇게 자신의 잘못을 인정하는 일이 힘들고, 다른 핑계를 찾는 제 모습에 실망하는 것 또한 스트레스입니다. 적다보니 그냥 스스로의 기준에 미치지 못한다는 게 제가 처한 냉정한 현실일지도 모르겠다는 생각이 드네요.

사소한 일에 스트레스 받지 않고 타인에게도 너그러운 사람이 되고 싶은데, 타고난 성격을 바꿀 수 있는 걸까요? 아니면 더 꼼꼼하게 챙기고 행동하는 습관을 들여서 자괴감이 생길 기회를 줄이는 게 제 정신건강에 도움이 될까요?

지은씨에게

아마도 꽤 많은 사람들이 각자의 상황에 비추어 지은 씨의 편지를 읽을 것 같아요. 어떤 사람은 '어, 나도 그런데!'라고 생각할 것 같고, 어떤 사람은 자기 주변의 '완벽주의자'를 떠올리지 않을까 싶어요. 그만큼 '완벽주의'라는 단어는 우리에게 굉장히 익숙한 말인 듯해요. 그런데 우리는 보통 익숙하게 쓰는 단어의 의미를 스스로 명확히 정의하고 있다고, 그리고 다들 같은 뜻으로 사용한다고 믿지만 의외로 그렇지 않을 때가 더 많기 때문에, 이 단어를 살살 잘 해체해보는 일이 필요합니다.

사람들은 완벽주의라는 단어를 칭찬으로 쓰기도 하고("봉준호 감독은 완벽주의자다"), 욕까지는 아니라도 누군가를 약간 나무랄 때 쓰기도 해요("너 너무 완벽주의인 거 아니야? 적당히 해"). 이렇게 양면적인 의미가 다 들어 있기 때문에 자기소개서의 단골 질문인 '자신의 단점이 무엇이냐'는 물음에 대한 무난한 답변으로 완벽주의가 많이 사용되는 것 같기도 해요. 확실히 완벽주의에는 빛과 그림자가 있어요.

지은씨의 괴로움에 초점을 맞추기에 앞서, 완벽주의가 가진 순기능에 대한 이야기를 잠시 해볼게요. 혹시 "바쁘다 바빠, 현대 사회!"라는 유행어를 들어본 적이 있나요? 말 그대로 눈코 뜰 새 없이 바쁘게 돌아가는 우리의 일상을 유머러스하게 표현한 말인데요. 학문적 영역에서는 1990년대 초중반까지 완벽주의의 부정적 측면이 주로 부각되었지만, 이후에는 완벽한 처리를 위해 노력할 줄 아는 사람이 '바쁘디바쁜' 현대 사회에 적응하기 더 유리하고 구성원으로서 잘 기능한다고 알려지는 등 긍정적인 측면도 많이 조명되었어요.

그래서 일단 이 말은 꼭 하고 싶어요. 주변 사람들이 의미한 지은씨의 완벽주의가 무엇이든, 그리고 지은씨가 생각하는 스스로의 모습이 무엇이든 간에, 지금 고민하는 그 '특성'이 이제까지의 성취와 집단에의 적응에 기여한 점도 있다는 사실을 한번쯤 떠올려주세요. 나를 힘들게 하는 면이기도 하지만, 서둘러 싹 다 없애버려야 하는 면모이기만 한 건 아니라고 생각해야 현재 상황을 더 잘 파헤쳐볼 수 있습니다.

혹시 당신은
불완전하고 싶지 않은 사람인가요?

이제 지은씨의 고민으로 가볼게요. 지은씨는 오랜 시간 꽤 일관되게 완벽주의자라는 말을 들어온 것 같은데요. 제 생각에는 지은씨가 그 말을 대단히 불쾌하게 여긴다기보다는 다소 부담스러워하는 것 같아요. "나를 완벽에 가까운 사람, 혹은 대단한 성취를 추구하는 야심가(?)로 보는 것만 같아 당황스러운 마음"이랄까요? 그리고 혹시라도 자신을 완벽주의자라고 믿는 이들을 언젠가 실망시키기라도 할까봐 염려하는 마음도 있지는 않을지 궁금하고요.

어쨌든 지은씨는 지금 자신이 생각하는 (스스로 생각하기에는 그다지 엄청나게 높지도 않은) 기준과 스스로의 진짜 능력 사이에 격차가 있다고 여기고 있고, 특히 남 탓을 하는 자기 자신에 대해 불편한 마음을 지니고 있는데요. 이 두가지에 대해 지금부터 이야기해볼게요.

지은씨가 완벽주의자 칭호를 자신과 어울리지 않는다고 생각하는 이유는 자기 기준과 스스로의 능력 사이에 차이가 있다고 느끼기 때문이죠. 그리고 아마도 지은씨는 어떤 일을 무사히 달성하고 나서도 "야호! 이번에도 잘해냈군"이라고 기뻐하기보다는 "휴, 사고 없이 겨우 끝났군. 살았다…"라고 안도하는 사람일 가능성이 높아요.

지은씨는 완벽하고 싶은 사람이 아니라 '불완전하고 싶지 않은 사람'이에요. 무슨 말장난이냐고요? 지은씨는 '잘해내야지'가 아니라 '실수나 흠이나 책잡히는 일이 없게 해내야지'라고 마음먹는 사람일 확률이 높다는 뜻이에요. 정확히 말하면 그런 일이 없어야 '한다'should라고 생각하고 있어요. 그렇기 때문에 지은씨는 왠지 압도적 성취 추구의 냄새가 나는 완벽주의자라는 별명이 자신과 어울리지 않는 옷이라고 생각하는 것 같아요. 지은씨의 완벽주의는 대단해지려는 노력이라기보다는 결함이 생기거나, 파국적인 일이 일어나거나, 비난받을 가능성을 피하기 위한 필사적인 시도로 보여요.

"불완전하면 안 돼" 밑에는 "내가 불완전하지 않다

면 망하거나 비난받을 일도, 소외되는 일도 없을 것"이라는 생각, 다시 말해 "내가 불완전하다면 비웃음을 사거나, 끝장이 나거나, 몰락할 것"이라는 전제가 있을 수 있어요. 지은씨가 이 문구를 문자 그대로 머릿속에서 되뇌면서 지낸다는 뜻은 아니고요. 은연중에 품고 있는 무의식적 믿음 같은 것을 말하는 거예요. 수치, 굴욕, 거절 등과 같은 고통스러운 감정에 대한 지은씨의 두려움이 이른바 완벽주의(순기능과 역기능을 모두 지닌)라는 이름을 가진 생각과 행동 양식에 기여했을 가능성이 높습니다. 그런 면에서 완벽주의에 대한 다양한 설명 중 "자기 자신의 잠재적인 손상을 예방하거나 복구하기 위해 사용되는, 완벽(=불완전하지 않음)과 관련한 전략들의 집합"이라는 서술이 아마도 지은씨에게 가장 겹쳐지는 정의가 아닐까 싶습니다.

몇가지 궁금한 것이 있어요. 실수, 오류, 결함 등에 대해 지은씨는 어떤 마음을 가진 사람인가요? 실수 혹은 불완전함과 관련된 과거의 기억은 어떤 것들이 있나요? 불완전한 결과에 대해 주로 받았던 피드백은 무엇이었나요? 자신의 '실수'와 자신이 '어떤 사람'인지는 지은씨 안에서 어느 정도의 강도로 연결되어 있나요?

물론 누구도 실수나 사고를 유쾌하게 받아들일 수는 없습니다. 그러나 비슷한 일도 누군가에게는 눈앞이 하얘지고 죽고 싶은 충격으로 받아들여지기도 하고, 누군가에게는 속상하고 민망하지만 끝장날 정도의 강도까지는 아닐 수 있고, 또 어떤 사람에게는 너무 무심하고 무책임해 보일 정도로 감흥 없는 일일 수도 있어요. 각자의 이런 면은 타고나는 기질뿐만 아니라 살아오면서 주변으로부터 받는 메시지와도 깊은 관련이 있습니다. 사소한 실수도 잘 용납되지 않는 현대 사회의 분위기부터, 가족, 선생님, 동료 등 가까운 중요한 타인들에게 받은 암묵적 또는 명시적 피드백이 그것입니다. 지은씨 자신은 어떤 피드백을 받아왔다고 느끼는지를 떠올려보는 일은 현재의 상황을 파악하는 데 큰 도움이 될 수 있습니다.

타인을 대하는 태도는
자기 자신을 대하는 태도와 연결됩니다

이제 남 탓하는 자신에 대한 불편한 마음으로 가볼게요. 지은씨는 스스로가 남 탓을 자주 하는 너그럽지 못한 사람이라고 했어요. 저는 지은씨가 자신을 '도덕적 품성'

이 나쁜 사람이라고 평가하는 것만 같은데, 제 생각이 맞나요? 만일 그렇다면 이는 수정되어야 합니다. 지은씨를 위로하기 위해 이런 말을 하는 게 아니라 사실이 아니기 때문입니다. '못되거나 착한' 유의 도덕적 문제가 아니라, 지은씨는 그냥 두려운 겁니다. 실수에 대한 타인의 비난도 두렵지만 무엇보다 지은씨가 자기 자신에게 비난받는 일이 너무 두렵기 때문에 어떤 사고가 생겼을 때 (그 사고가 타인의 탓이건 아니건 간에) 마치 생존 본능처럼 타인에게 분노하게 되는 것입니다.

그렇다면 어떤 시도들이 지은씨에게 앞으로 도움이 될 수 있을까요? 타인을 대하는 지은씨의 내적 태도에 대한 답을 얻으려면 지은씨가 자기 자신을 대하는 태도를 먼저 살펴야 합니다. 타인을 대하는 태도는 반드시 자신을 대하는 태도와 연결되어 있습니다. '나는 왜 이렇게 남 탓만 하고 못났지?'가 아닌 '나는 나의 실수에 대해 어떤 생각을 가지고 있지? 내가 실수하는 사람이라는 점은 나에게 어떤 두려움을 안겨주지?'라고 물어봐주세요. 자신의 두려움과 전제를 살피면서 어떻게든 거기에 의문을 제기해보세요. 예를 들어볼게요.

실수는 견딜 수 없는 치욕이다.

→ 정말 견딜 수 없는 것일까? 견딜 수 없다는 건 무슨 뜻일까?

그리고 주변 사람들 중 지은씨가 보기에 아주 무책임하지 않으면서도, 자신과 타인의 실수에 유연하게 대처하는 사람을 찾아서 관찰해보세요. 한번 비결을 물어봐도 좋고요. 그러면서 '실수는 화끈거리고 민망한 경험이지만 나를 파국의 구렁텅이로 빠뜨리지는 않는다'는 증거를 찾아보고 스스로에게 계속 친절히 설명해주세요. 자신이 정말 안전하다고 믿어도 되겠다는 수긍이 가야 우리는 비로소 안심할 수 있습니다.

또한 누군가를 원망하는 마음이 올라오는 순간이 있다면, 원망하는 자신을 남 탓만 하는 나쁜 사람이라고 바로 평가해버리는 대신 그저 그 원망의 이유를 담백하게 탐구해보세요. 예를 들어 '나는 최선을 다하고 애썼는데, 저 사람의 실수로 나도 함께 도매금으로 불완전해 보일까봐 속상하고 화가 나는구나'라고요. 타인에 대한 원망감 자체를 가져서는 안 될 감정이라고 생각하지 말아주세요. 타인에게 느끼는 원망을 너무 빨리 벌하지도, 반대로 급하게 정당화하려 하지도 않고 그냥 두고 관찰하다보면 원망 너머에 있던 나의 두려움(예: 비난받는 일은 너무 고통스럽다)과 욕구(예: 안전하고 싶다) 들이 조금씩 보이기 시작하고, 나중에는 그 원망감 자체도 덜 괴로운 수준으로 내려올 수 있습니다.

바위를 아주 살짝 움직이는 힘,
그 힘이 조금이나마 숨통을 틔워줄 거예요

이제부터는 자신의 완벽주의를 다루는 더 구체적인 방법에 대한 제안을 드리려 합니다. 삶의 모든 면에서 갑자기 전복적인 변화를 시도하면, 아주 조금이라도 어긋나는 순간 다시 주저앉게 될 가능성이 높아요. 그래서 일단은 회사 외의 영역에서 도전할 만한 취미를 하나 설정해보면 좋겠습니다.

물론 지은씨가 일 이외의 영역에서는 완벽주의의 면모를 지니지 않을 수도 있고, 일은 완벽주의적으로 처리하면서 나머지 영역은 '완전 아무렇게나' 대하고 있을 수도 있어요. 하지만 어느 쪽이든 간에, 회사에서 좀더 편안해지기 위한 시도를 해본다는 마음가짐으로 새로운 취미에 도전해주세요. 경력이나 고과와는 무관하게 오로지 심리적인 민망함이나 굴욕감, 분노만 상대하면 되는(물론 이것만으로도 큰 도전이지만요) 종목을 정하는 거예요. '내가 생각보다 스스로에게 어설픔을 잘 허용하는구나' 또는 '역시 일에서의 모습이 여기에서도 드러나는구나' 등 다양한 감상을 가질 수 있어요.

이런 시도는 지은씨를 좀더 유연하게 만들어주는 데 도움이 될 거예요. 스스로에게 어설픔을 허용하기가 여전히 어렵다면, 그냥 나 자신이 '실수를 크게 신경 쓰지 않는 사람인 척' 연기를 해보세요. 억지로 터프하게 행동하라는 것까지는 아니지만요. 내가 그동안 지켜봐왔던, 실수를 좀 하더라도 자신의 중심을 유지하는 누군가를 떠올려봐도 좋고요. 심정적으로는 몰입이 되지 않더라도 그냥 내가 그런 사람인 것처럼 행동하기 시작하면, 그것이 큰 바위를 살짝 움직이는 힘이 될 수 있습니다.

이런 시도가 가능해지면 회사로도 한번 눈을 돌려보기로 해요. '오염시키기'라고 이름 붙여본 전략을 제안하고 싶은데요. 아마도 지은씨는 업무 분장을 명확히 하기 어려운 영역에서조차 여기까지는 내 책임, 저기부터는 저 사람 책임, 이런 식으로 마음속에서 책임 소재를 최대한 구분해왔을 가능성이 높습니다. 쪼잔해서가 아니라 자신이 통제할 수 있는 게 무엇인지를 명확하게 설정해야 불안을 줄일 수 있기 때문이었을 거예요. 이제부터는 그 구분을 되도록 하지 않으려고 해보세요. 일은 평소처럼 하되 (마음속에서의) 책임 소재를 일부러 흐트러뜨려놓는 거죠. 범인을 찾고 싶어도 못 찾게요. 그러면 어떤 실수는 그냥 우리 모두의 탓이 되면서 숨통이 조금이나마 트일 거예요.

마지막으로 어떤 일을 할 때 그 일의 전체적인 의미에 초점을 맞추어보세요. 이 프로젝트는 회사에서 어떤 위치를 차지하고 어떤 의미가 있는지, 이 일을 하는 과정에서 나는 무엇을 즐기고 싶은지, 이 일이 나에게 가져다줄 수 있는 보람과 기쁨 혹은 짜증은 무엇인지, 나는 이 일을 통해 어떤 종류의 경력과 경험치를 쌓을 수 있는지, 이 일을 하면서 동료들에 대해 더 알아가고 싶은 점이 있지는 않은지… 실수를 막고, 불완전함을 피하고, 사고 없이 넘어가는 것 이외의 의미를 생각해본다면 무사함 아니면 사고라는 이분법적 틀로부터 어느 정도 자유로워질 수 있을 거예요.

긴 이야기 듣느라 고생하셨습니다. 지은씨는 과연 어

떤 취미를 선택하게 될까요? 이런저런 상상을 해보면서, 저는 이만 줄이겠습니다.

『다시 오지 않는 것들』 최영미 지음, 이미출판사 2019

이 시집의 첫번째 시 「밥을 지으며」가 생각나서 추천하고 싶었어요(첫 구절이 "밥물은 대강 부어요"로 시작합니다). 유머러스함과 솔직함과 슬픔, 그리고 우아하지만은 않은 일상 같은 것들이 책 안에 담겨 있는데요. 여러분에게는 어떤 감상을 가져다줄지 궁금하네요.

「다가오는 것들」 미아 한센러브 감독, 2016

바쁘지만 제 나름대로 행복한 일상을 살아가던 고등학교 교사 나탈리의 삶은 전혀 예상치 못한 일들이 하나둘 생기면서 조금씩 흔들리기 시작합니다. 나탈리는 다시 일상의 균형을 잡게 될까요? 일상에 찾아오는 위기의 순간에 우리는 어떤 감정을 느끼고 어떤 태도를 취하게 되는지 한번쯤 생각해볼 기회가 되면 좋겠습니다

「비밀의 화원」 이상은

"누구나 조금씩은 틀려 완벽한 사람은 없어"라는 가사를 담고 있는 이 노래가 다소 직관적인 추천곡일지도 모르겠어요. 적당히 힘이 빠진 투박한 느낌의 목소리와 잔잔한 기타 소리 역시, 잠시나마 대단히 직관적인 편안함을 가져다줄 거라고 믿습니다.

착한 아이 콤플렉스가
고민이에요

착한 아이 콤플렉스가 있는 것 같아 고민입니다. 나보다 상대를 우선순위에 두고 그 사람을 파악해서 맞춰주다 보니 그때그때의 제가 마치 다른 사람 같아요. 오롯이 혼자 있게 되었을 때 비로소 저 자신으로 돌아오지만 그때는 평소의 밝은 모습과는 다른 부정적인 모습의 저로 존재하는 느낌이에요.

저는 제 생각을 주장하는 일이 굉장히 어렵습니다. 그래서 늘 이리저리 휘둘리는 느낌이고요. 어딘가에 기대기보다 비틀거리더라도 오롯이 제 두 다리로 인생의 길을 걷고 싶은데 쉽지가 않네요. 주관이 뚜렷하지 않은 걸까요?

가족과의 관계는 좋았지만 항상 언니와 비교되어 주눅

이 들었어요. 언니는 공부를 잘했지만 저는 평범했거든요. 그래서 눈치가 늘고 사람들에게 사랑받으려는 노력을 많이 했던 것 같아요. 예쁨을 받으려고 하기 싫은 행동도 웃는 얼굴로 하는 전형적인 착한 아이였어요. '내가 누구를 좋아하는지'보다는 '누가 나를 좋아하는지'가 중요했죠.

학창 시절에도 어떤 상황에서든 괜찮다고 생각하려 하고 표정도 그렇게 지으며 다녔는데, 어느 날 선생님이 저를 불러서 물으셨어요. "그렇게 웃고 있어도 선생님은 네가 가진 불안함이 보여. 요즘 많이 힘드니?" 그 말을 듣자마자 울음이 터졌어요. 누군가 그렇게 다정하게 염려해준 게 처음이었거든요. 부모에게 받지 못한 관심을 학교에서 받은 셈이었어요.

엄마는 늘 바빴어요. 아빠는 성실하지만 보수적이고, 욱하면 분노를 잘 조절하지 못합니다. 그것 때문에 어릴 때 스트레스를 많이 받고 무섭기도 했어요. 자기 주관이 뚜렷한 언니는 그런 아빠와 큰 갈등을 빚기도 했고요. 저와 엄마가 중간에서 어떻게든 풀어보려 했지만 쉽지는 않았습니다. 그때 언니를 보며 두가지 생각이 공존했어요. '어쩜

저렇게 자기 생각만 하지?'와 '언니도 첫째로서 많은 부담과 어려움이 있었을 거야…'. 아빠와 언니 두 사람의 갈등으로 제가 배운 게 있다면 아마도 감정을 숨기는 법이었던 것 같아요.

인간관계는 좋은 편이라고 생각하지만, 그럼에도 여러 불안이 있습니다. 친구들 사이에서는 긍정적인 친구, 가족들 사이에서는 혼자서도 잘하는 착한 딸이지만 인생을 살아갈수록 공허한 마음이 한구석에 계속 자리하고 있거든요. 이 구멍을 채워야 할지 아니면 안고 살아가야 할지 고민이 되네요.

언제까지 스스로를 숨기고 회피하며 살아갈지 걱정이 되기 시작해서 이렇게 편지를 보내봅니다. 이러다 곪아서 터질 날이 올 것만 같아요. 조금 더 건강하게 살아가려면 어떻게 해야 할까요?

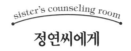

정연씨에게

정연씨의 얼굴을 모르지만 편지를 읽는 내내 마치 알고 있기라도 한 듯 표정이 떠올랐어요. 애써 괜찮은 표정을 유지하려 했으니 미소를 짓고 있었겠지만 눈까지 웃기는 어렵지 않았을까, 학창 시절 선생님은 그것을 보셨던 게 아닐까… 이런 생각들이 들었습니다. 고생, 많았어요. 타인을 기민하게 파악하고 맞추느라, 사랑받기 위해 애쓰느라, 갈등하는 이들 사이에서 불안해하느라, 그리고 자기 자신으로 돌아왔을 때의 공허함을 견디느라 고생 많았어요.

착한 아이 콤플렉스는 공식적인 의학 용어는 아니지만 정연씨 말대로 '타인의 요구나 감정을 자신보다 우선으로 두면서 자기감정을 솔직하게 표현하지 못하고 순응하는 일이 몸에 밴 현상'이라는 뜻으로 정의하고 답장을 시작하면 될 듯합니다. 사실 이에 대한 조언은 다양한 책이나 칼럼에서 종종 발견할 수 있는데요. 아마도 대체로 비슷비슷할 거예요. 보통 정답은 비슷하니까요. 정연씨도 한번쯤은 들어보았을 겁니다. 이를테면,

- 그 누구보다 자기 자신을 최우선으로 두세요.
- 모두에게 사랑받을 수 없으며, 모두에게 사랑받을 필요가 없다는 점을 기억하세요.
- 타인의 평가로 나의 가치가 결정된다고 생각하지 마세요.

이런 것들입니다. 그리고 저는 여기에 100퍼센트 동의합니다(뜻하지 않게 두괄식 글이 되었네요). 대부분의 사람들 역시 동의할 겁니다. 이 조언대로 할 수만 있다면 정연씨뿐만 아니라 많은 사람들이 편안해질 수 있을 거예요.

그런데 이게 사실 잘 안 돼요. "참 쉽죠?"라고 말하며 뚝딱 멋진 그림을 완성하는 밥 아저씨를 똑같이 흉내 내기 어려운 것처럼요. 용기나 의지가 없어서가 아니라 내 안의 여러 마음들 사이에서 저 조언들에 대한 합의가 제

대로 이루어지지 못했기 때문입니다. 따라서 착한 아이 콤플렉스를 다루기 위해서는 내 안의 모든 마음들이 가진 생각을 고통스럽게 살펴야 합니다.

'나'라는 사람을 이루는 마음들 사이에 원만한 합의가 이루어져야 합니다

이해를 돕기 위해 간단한 상황극을 써보았어요. 정연씨를 둘로 쪼개봅시다. 방 안에 한명의 정연씨가 앉아 있고(정연A), 밖에서 사람들에게 미소 짓고 열심히 맞춰주던 또다른 정연씨(정연B)가 고된 하루 일과를 마치고 방에 들어오는 상상을 해보겠습니다.

정연A   네가 또 아빠와 언니를 달래는 동안 나 너무 힘들었어. 그리고 친구가 말도 없이 한시간이나 약속에 늦었는데 밥까지 네가 사? 돈이 문제가 아니라 너는 자존심도 없어?

정연B   너까지 왜 그러냐. 나 오늘 밖에서 무지 힘들었어. 그리고 이게 다 '우리'를 위해서야. 내가 이렇게 안 하면 다른 사람들이 우리를 거들떠보지도 않을걸? 이렇게라도 하니까 우리가 계속 괜찮은 사람이라는 말을 듣는 거고 주변에 사람도 많은 거야. 그리고 네가 원하는 것만 내세우는 건 이기적이야. 너는 어쩜 그렇게 네 생각만 하니?

정연A 그렇게 안 하면 진짜 아무도 우리를 거들떠도 안 봐? 그러면 어떻게 되는데?

정연B 그러면 비참해지고 외로워지지.

정연A 괜찮은 사람이라는 말을 못 들으면 나는 괜찮은 사람이 아닌 거야?

정연B 당연한 거 아니야?

정연A 내가 진짜 너무 내 생각만 하는 거야?

정연B 그런 것 같은데. 사실 언니를 볼 때 비슷한 기분이 들거든. 나를 앞세우는 건 남들에게 피해 주는 일이야. 피곤하게 만드는 거고.

정연A 그런가? 그래, 네 말이… 맞을지도 모르겠다. 다 우리를 위해서 그런 거구나. 알겠어. 그런데 좀 이상해. 네가 우리를 지켜주려고 한 거면 편안해야 하는데 왜 나는 자꾸 더 힘들고 점점 흐릿해지는 것 같지…?

정연B …

'정연A'는 나만의 고유한 욕구와 감정이고, '정연B'는 관계망 안에서의 내 욕구와 감정입니다. 결국 둘 다 '나'라는 사람을 이루는 마음들입니다. 앞서 '우리'라고 표현했듯 미우나 고우나 한편인 운명공동체예요. 중요한 건 둘 사이에 원만한 합의가 이루어져야 한다는 점이에요. 즉, 관계망 안에서의 나(정연B)는 나만의 고유한 욕구와 감정(정연A)이 너무 고통스럽거나 부정당하지는 않는 방식으로 움직여야 한다는 뜻입니다. 그것이 정연씨라는 '우리'를 제대로 살리는 길입니다.

그런데 지금 정연씨의 두 마음은 합의가 잘 안 되고 있어요. 사실상 정연B가 정연A를 찍어 누르고 있는 셈이죠. 정연B는 제가 앞서 언급한 정답 같은 조언들에 도무지 믿음이 가지 않거든요. 안심이 안 되는데 어떻게 저 조언들을 따를 수가 있겠어요.

우리가 안심할 수 없는 이유를 깊이 들여다봅시다

이쯤에서 우리는 안심이 안 되는 '이유'를 깊이 들여다봐야 합니다. 타인에게 일방적으로 맞추는 행위를 멈추려 하기 전에, 지금껏 왜 그렇게 해야 했는지를 더 느껴보자는 겁니다. 정연씨로서는 고유의 감정을 묻어둔 정연씨 나름의 이유가 분명히 있었을 것이고, 그것은 특히 과거의 어느 시점에서는 대단히 합리적인 선택이었을 것입니다.

저에게 느껴지는 정연씨의 즉각적인 정서는 '무서움'입니다. 친구, 동료, 가족이 정연씨의 신체를 직접적으로 해할까봐 무서워한다는 뜻이 아니에요. 그에 준하는 심리적인 해를 입을까봐 무서워하는 것 같다는 뜻이에요. 예쁨받기를 바란다기보다 예쁨을 못 받는 일이 무서운 것 같아요. 모든 이의 사랑을 단 하나도 놓치지 않으려는 욕심쟁이인 게 아니라, 사랑받는 것이 곧 정연씨가 가치 있는 아이임을 보여주는 증거이기 때문에 기필코 사수해야 하는 목표가 된 거죠.

그리고 정연씨에게 있어 타인과의 연결은 조건부라는 생각이 듭니다. 긍정적인 모습만 보이고 타인을 거슬리게 하지 않는 조건을 만족할 때만 관계가 유지된다는 믿음이 혹시 정연씨 안에 있지는 않은가요? 그 조건이 만족되지 않는 순간 관계가 끝난다고, 그리고 그런 일이 일어났을 때 그것은 '상호적인 이별'이 아니라 내가 '버림받는 일'이라고 믿고 있다면, 관계에서의 멀어짐은 정연씨에게 '아쉽고 슬픈 일'이 아닌 '무서운 일'이 될 수밖에 없습니다.

마지막으로 정연씨는 자신의 고유한 욕구와 감정을 무서워하는 것 같습니다. 정연B가 정연A를 (찍어 누르는 것처럼 보이지만 사실은) 무서워한다는 뜻이에요. '부모님과는 다른 나만의 욕구, 감정, 생각을 갖는 것, 그리고 그로 인해 부모님과 갈등하는 것은 위험한 일'이라는 전제가 자신에게 얼마나 있는지를 살펴보면 좋겠습니다. 꼭 직접적으로 '너의 주관을 갖는 일은 반역이며 그랬다간 너를 응징할 것이다'라는 말을 들었다는 뜻이 아니에요. 정연씨의 눈치는 길러진 부분도 있고 타고난 부분도 있어 보이는데, 그것으로 가족들의 욕구를 일찍부터 잘 감지하여 자신을 보호하기 위한 전제를 가지게 된 것 같아요. 자신의 고유한 욕구를 지연했을 때 보상도 따라왔을 거고요. '손이 안 가는, 혼자 알아서 잘하는 착한 딸'이라는 칭호는 보상인 동시에 계속해서 무너뜨리면 안 되는 조건이었을지 모릅니다. 이 칭호는 자기주장이 더 강한 언니와 정연씨가 크게 차별화되는 지점이라는 면에서 더욱 내려놓기 어려운 이름이었을 거라 생각해요.

설사 두려운 일이 벌어지더라도
우리가 정말로 파괴되는 건 아니야

제가 지금까지 드린 말씀의 어떤 부분에는 동의하고 어떤 부분에는 동의하지 못할지도 모릅니다. 저의 편지는 하나의 참고로 두면서 결국 정연씨 자신의 마음'들'을 계속 들여다보고 다듬어나가는 것이 제일 중요합니다. 특히 어릴 때의 기억들을 많이 떠올려보면 좋겠습니다. 어릴 때, 즉 누군가 정말로 나를 버리면 큰일 나는 시절에 겪은 감정일수록 지금의 반사적인 반응에 더 잘 각인되기 때문입니다. 마음들을 들여다보는 이 과정을 통해 좀더 단단해진 정연A가, 아직 무서움을 떨치지 못한 정연B를 더 자신 있게 설득할 수 있는 때가 올 것입니다. 예를 들면 이렇게요.

"네가 친구에게 맞춰주지 않아서 그 친구가 서운해해도 우리는 괜찮을 거야. 우리를 위하는 너의 마음을 알지만, 누군가 네게 서운해한다고 해서 우리가 정말로 어떻게 되어버리는 건 아니야."

"우리는 이제 아이가 아니기 때문에 그 누구도 우리를 '버릴' 수 없어. 그냥 서로의 거리가 멀어지는 것뿐이야. 누가 누구를 버리는 일은 어른들 사이에서는 일어날 수 없거든."

"나의 개성, 욕구, 감정은 나쁘거나 부끄럽거나 이기적이거나 경멸할 만한 게 아니야. 네 걱정만큼 사람들이 경악하지 않아. 설사 그런다고 해도 우리가 정말로 파괴되지는 않아."

두명의 정연씨가 합의에 이르는 과정은 쉽지 않고 오래 걸릴 수 있어요. 합의서에 어서 도장을 찍어야 한다고 생각하기보다는 이 과정이 삶 그 자체라고 생각해주세요.

그리고 자신의 주관이 뚜렷하지 않은 것인지 의심하는 정연씨의 질문에 대답하자면, 정연씨에게는 이미 자기 고유의 주관이 있어요(이제껏 말한 정연A라는 이름으로요). 주관을 새로 만들어낼 필요는 없고 무서움 속에 감춰져 있던 걸 발견해주기만 하면 돼요. 그것만으로도 무척 어렵지만, 무에서 유를 창조해야 하는 상황과는 굉장히 다릅니다.

제가 편지에서 상황극을 해본 것은 설명하기 위한 의도도 있지만 이런 방식으로 사고하는 게 도움이 될 거라 믿기 때문이에요. 아직은 정연씨가 '나'를 중심에 두는 행위를 계속 '이기적이고 위험한' 행위로 자동 연결하고 있을 가능성이 높기 때문에 나 자신을 일부러라도 타인처럼 취급할 필요가 있어요. 자기 자신이라는 타인과 사이좋게 지내기 위해 노력해보세요. 즉 정연A에게 잘 보이기 위한 노력을 하자는 거죠. 정연씨가 이미 잘하는 분야입니다. 누군가의 마음을 알아차리고, 공감하고, 맞추는 능력은 사실 아무나 가질 수 없는 엄청나게 귀한 역량이에요. 그 기술을 안으로도 돌려 나라는 타인에게 발휘하기를 바랍니다.

물론 한동안 남을 우선순위로 놓는 방식을 고수하려는 관성은 계속될 겁니다. 그럴 때 도움 될 만한 생각 중 하나는 '타인을 착취적인 사람으로 만들지 말자'입니다. 정연씨가 타인이 자신을 착취한다고 단정 짓고 있다는 뜻이 아닙니다. 하지만 무리해서 스스로를 지우고 타인에게 맞춰주면 그 사람은 본인도 모르는 사이에 저절로 남을 버겁게 하는 사람이 되지 않겠어요? 타인이 그런 사람이 되어버리지 않도록 정연씨가 도와주세요. 그리고 그럴수록 '호의를 권리로 여기지 않는' 사람들 위주의 좋은 관계를 이어나갈 확률도 높아집니다.

방문을 열고 서랍을 열어
먼지를 털어내는 일

이렇게 쭉 자신의 마음을 살핀 뒤 자기주장을 본격적으로 시도하다보면 처음엔 수위 조절이 잘되지 않고 헷갈리기도 해요. 지금껏 눌러놓았던 분노와 '내가 호구인가'라는 불쾌감이 수면 위로 올라오거나 지나치게 단호해지는 경우도 있어요. 평소처럼 양보했을 뿐인데 왜 이렇게 자기주장을 못하느냐며 스스로를 몰아붙이게 될 수도 있고요. 그리고 변화한 태도에 대한 타인들의 반응에, 그간 정연씨가 무서워하던 일이 실제로 벌어진 것만 같은 느낌을 받을 수도 있습니다. 이렇게 예고(?)를 미리 드리는 이유는 새로운 평형점을 찾아나가는 과정에서 이런 일들은 반드시 생길 수밖에 없으며, 이것이 '나는 글렀다'라는 신호가 결코 아니라는 점을 알려드리기 위해서입니다. 기존 균형이 깨지는 과정에서 일어나는 자연스러운 사건들이니, 이런 일들이 생기면 '온다고 했던 게 왔구나'라고 받아들이며 계속해서 여러 시도를 하길 바랍니다.

　이제 실제 상황에서의 요령을 알려드릴게요. 하나는 무조건 시간을 버는 거예요. 누군가에게 부탁을 받을 때든, 아무도 중재하지 않아 어색한 분위기가 흐르는 순간이든 그 영겁 같은 시간을 그냥 버텨봅시다. 반사적으로 반응하지 마세요. 그 시간을 견디는 연습을 반복하다보면 마음에도 없는 역할을 나도 모르게 수행해버리는 일을 많이 줄일 수 있을 거예요.

　또 하나는 시중의 조언과는 약간 다른 의견인데요. 보통 요즘에 '미안하다는 말을 남발하지 말라'는 말을 흔히 하잖아요. 어떤 맥락에서 나온 이야기인지는 알아요. 미안해하지 않아도 되는 상황에서 미안하다는 말을 하는 사람을 어떤 이들은 만만하게 볼 때가 있으니까요. 하지만 이것이 지금의 정연씨에게는 이중 부담을 주는 조언이라고 저는 생각해요. 곤란한 상황에서 필요할 때는 그냥 '미안하다'는 말을 해도 괜찮다는 게 제 의견입니다. 제일 소중한 타인인 자기 자신을 잘 지켜내기 위해 목소리를 내고 무리한 부탁을 거절하는 일 하나만으로도 힘겨운데, 그 일을 좀더 쉽게 만들어줄 수 있는 미안하다는 말조차 하지 않아야 한다면 그건 너무 벅찰 수 있어요. 정말로 공식적인 책임을 추궁받을 수 있는 상황에서 미안하다고 말하라는 의미는 아니고요. 그냥 미안하다는 말로 더 쉽게 주장을 관철할 수 있을 것 같을 때는 그런 말을 좀 해도 된다는 뜻이에요. 진짜 자신을 굽히는 일과는 다릅니다. 그리고 미안하다는 사람에게 뭘 더 어떻게 바라고 따지겠어요? 내가 사정이 어렵다는데 말이죠.

정연씨는 이미 모든 자원을 가지고 있습니다. 그렇다고 해서 앞으로가 손쉬울 거라는 뜻은 아니지만요. 하지만 그저 방의 문을 열고, 서랍을 열어주고, 먼지를 잘 털어내기만 하면 됩니다. 그러다보면 정연씨 마음속의 구멍을 메워야 할지, 안고 가야 할지의 고민 자체를 어느새 잊게 되는 때가 반드시 올 것이라고 믿습니다.

「여중생A」 허5파6 만화, 네이버웹툰

눈치를 많이 보고, 타인을 불편하게 할까봐 안절부절못하는 중학생 장미래가 자신 안에 품고 있는, 한때는 부끄럽고 나쁘다고 여겼던 욕구와 감정을 재발견해나가는 과정을 그린 웹툰입니다. 사랑스럽기도 하고 얄밉기도 한 주변 인물들을 지켜보는 재미도 있답니다.

「벌새」 김보라 감독, 2018

얼핏 평범해 보이는 중학생 은희의 일상은 알고 보면 힘겹습니다. 바쁘게 각자의 삶을 사는 가족들에게 은희는 잘 보이지 않아요. 절실하게 무언가를 붙잡고 싶은 은희에게 상처를 주는 친구도 있습니다. 하지만 손을 내미는 사람도 있어요. 슬픈 일과 기쁜 일이 뒤섞인 삶을 살아가는 우리 모두가 자기 자신을 잘 간직하기를 바라는 마음으로 이 영화를 추천합니다.

「We're Going To Be Friends」 The White Stripes

어린 시절의 정서가 소환되는 듯한 분위기를 느끼며 그때의 마음으로 잠시 돌아가보았으면 해요. 좋은 것도, 나쁜 것도 있을 거예요. 엉뚱한 생각들이 머리를 스쳐도(When silly thoughts go through my head about the bugs and alphabet) 함께 걷는 데는 문제가 없다는(I'll bet that you and I will walk together again) 메시지를 덤으로 얻을 수도 있고요.

제가 나약해서
우울한 걸까요?

언니의 상담실

우울감 때문에 힘듭니다. 최근 몇년간 심한 불안감과 우울감을 겪고 있어요. 갑자기 눈물이 나거나 이유 없이 모든 일에 불안을 느끼고, 상대방의 일상적인 말에 굉장히 예민하게 반응하게 됩니다.

우울감은 어릴 때부터 있었습니다. 학창 시절 학교에서 하는 심리검사에서 우울감과 불안감이 또래에 비해 높게 나와 따로 검사를 받은 적도 종종 있었어요. 하지만 부모님께는 알리지 않았습니다. 작년에는 급격한 체중 저하와 함께 일상생활까지 힘들어진 제 정신 상태를 깨닫고 학교에서 제공하는 심리검사를 신청하여 받았어요. 결과가 매우 심각하다고 들었으며 몇차례 상담을 진행했습니다.

가족과의 관계가 제 삶에 영향을 준 것은 아닐까 추측하기도 해요. 어릴 때 아빠가 잦은 술자리를 가지는 동안 엄마는 저와 동생을 혼자 돌보셨어요. 아빠의 술버릇 때문에 사건 사고도 많았고요. 집이 경제적으로 기울면서 부모님은 밤마다 싸웠어요. 부모님은 맞벌이를 하셔서 저는 동생과 주로 지냈는데, 동생을 챙기는 일이 조금은 버거웠던 기억이 나요. 동생은 친구들과 잘 어울리지 못했고 말도 늦은 편이었는데, 엄마는 그런 동생을 병원에 데려가고 싶었지만 사회적 낙인이 두려웠다고 해요.

엄마는 저에게 아빠와의 관계부터 엄마 자신의 감정까지, 모든 것을 이야기합니다. 제가 유일하게 기댈 수 있는 사람은 엄마뿐인데, 엄마는 제가 심리상담을 받는 걸 이해 못하시는 것 같아요. 제가 나약해서 이렇게 힘들어하는 거라고 생각하시나봐요. 그래서 더 외롭고 슬픕니다. 가족들에게는 제 이야기를 별로 하고 싶지 않아요.

저는 제 성격을 모르겠어요. 소심하지만 대담한 것 같기도 하고요. 자신에 대해 표현해보라는 말을 들을 때면 한순간에 길을 잃어버린 느낌이 듭니다. 그리고 저는 제 우울

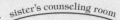
감과 불안감을 끊임없이 의심합니다. 이 감정이 일시적인 건 아닐까? 내가 정말 나약해서 힘든 건 아닐까? 혹은 그저 핑곗거리가 아닐까? 그렇지만… 저는 너무 힘들어요.

수진씨에게

수진씨가 지내왔을 길고 힘든 시간을 생각하면 마음이 아픕니다. 오래 지속된 우울감 그리고 가족과의 관계를 생각해도 그렇지만, 무엇보다 스스로의 힘듦에 대한 의심 때문에 충분히 아파하기조차 어려웠을 것 같아 속상한 마음이 들었어요. 이 편지를 쓰고 있는 저의 제일 중요한 목표는 그 의심으로부터 수진씨를 변호하는 일입니다. 그 목표를 향해 가보겠습니다.

먼저 가족과 관련한 이야기를 좀 하고 싶어요. 수진씨는 어릴 때 따로 심리검사를 받을 만큼 우울감이 있었지만 부모님께 알리지 않았다고 했어요. 양육자에게 도움을 받는 일, 그리고 도움을 요청하는 일은 성장 과정에서 대단히 중요한 요소입니다. 그런데 어린 수진씨는 정서적인 고통에 대한 도움을 요청하기 어려운 여건에 놓여 있었던 것 같아요. 자신이 알리지 '않은' 것이라고 표현했지만, 이미 있었던 좌절감이 수진씨로 하여금 도움을 요청하지 '못하게' 만들었을 가능성이 높다고 생각합니다. 수진씨가 도움을 요청하지 못했던 이유는 무엇이었을까요?

부모님 중 아버지는 중요한 순간에 부재하거나 오히려 사고를 일으키시는 등 수진씨에게 도움을 주기 어려운 분이었던 것 같아요. 그렇다면 수진씨가 유일하게 기댈 수 있다고 표현한 어머니는 어떨까요? 정서적인 고통에 대해 전문적인 도움을 받는 일은 나약한 행위, 또는 낙인이 찍히는 행위라고 여기는 어머니의 입장을 수진씨가 은연중에 알았기 때문에 수진씨의 괴로움을 어머니에게 말하지 않았을 수도 있고요. 한편으로 어쩌면 '아버지 (그리고 동생) 때문에 이미 힘든 어머니를 내가 더 힘들게 하면 안 된다'는 마음도 자리 잡고 있었을지 모른다는 조심스러운 짐작을 해봅니다.

이런 가운데 수진씨는 자신의 정서적인 고통을 부모님이 아는 것이 스스로에게 이득보다는 상처를 줄지 모른다고 생각했을 가능성이 있습니다. 부모님께 이해보다는 비난을 받거나, 가벼운 일 혹은 부끄러운 일로 취급받거나, 혹시라도 부모님이 더 싸우거나 힘들어할지 모른다고 예상된다면 알리지 않는 쪽을 선택하게 되는 것이지요. 이런 경우 자신의 힘듦을 자기 자신이라도 잘 알아준다면 다행이지만, 수진씨는 어렸기 때문에 그렇게 하기가 아마 어려웠을 겁니다. 다시 말해 스스로의 힘든 감정이 정당하다고 인정해주기가 쉽지 않았을 것이라는 뜻입니다. 어릴 때는 자신이 느끼는 감정이 어떤 의미인지, 긍정적인 혹은 부정적인 것인지, 지금 이런 감정을 느껴도 되는지를 알아가는 데 있어서 양육자의 역할이 매우 중요하기 때문입니다.

이는 수진씨가 현재 자신의 고통에 대한 진정성을 끊임없이 의심하는 것과도 관련이 있어 보입니다. 수진씨가 나약해서 힘들어하는 거라는 어머니의 생각에 슬픔을 느끼면서도, 수진씨 역시 자신이 나약한 건 아닌지 자문하며 자신의 힘든 감정을 수용하기를 망설이고 있어요. 문제는 이런 상황이 자신에게 필요한 조치를 취하고 적절한 도움을 구하는 행위를 저지한다는 점입니다. 자신의 고통을 제대로 인정하지 못한 상태에서 스스로를 보살핀다는 것이 모순처럼 느껴질 수 있거든요. 그러므로 고통을 줄일 기회를 놓치지 않기 위해서는 자기 고통의 정당성, 진정성에 대한 의문을 다루는 것이 매우 중요합니다.

나약한 게 아니라
그저 약한 상태일 뿐이에요

　수진씨는 자신이 사실 나약해서 힘든 건데 우울감과 불안감을 핑계로 삼고 있는 건 아닐까 의심이 든다고 했어요. 결론부터 말씀드리면 저는 수진씨가 나약해서 힘든 것이라고 생각하지 않습니다. 그런데, 약해서 힘든 것이라고는 생각합니다. 저의 답이 수진씨를 불편하게 혹은 의아하게 만들지도 모르기에 추가적인 설명을 좀더 드리겠습니다.

　저는 수진씨와 어머니를 포함한 대부분의 사람들이 의지나 참을성이 부족하다는 의미에 부정적인 뉘앙스를 더해 '나약하다'라는 표현을 쓴다고 생각해요. 일단 저는 의지나 참을성이 부족한 것 자체는 부정적인 것이라고 생각하지 않습니다. 그저 '약한' 상태일 뿐입니다. 예를 들어 기관지가 약한 사람, 또는 다리를 다친 사람은 그렇지 않은 사람과 똑같은 조건에서 똑같은 의지와 참을성을 발휘

할 수 없는 약한 상태에 있습니다. 그래서 스스로에게 맞는 환경을 제공하거나 불편함이 있으면 병원을 찾는 것이고요.

그렇기에 저는 나약하다는 말을 약하다는 말과 반드시 구별 지어야 한다고 생각해요. 제가 생각하는 나약하다는 말의 뜻은 '의지나 참을성을 가질 수 있는데도 안 갖는, 즉 노력을 할 수 있는데도 안 하는 상태' 정도로 정리할 수 있겠습니다. 이런 맥락에서 수진씨는 결코 나약한 사람이 아니며, 단지 (우울감과 불안감 등 정서적 측면으로 보았을 때) 약한 상태여서 힘들어하고 있다고 생각됩니다.

수진씨가 약하다는 말을 들어 혹시 속상할지도 모르겠습니다. 우리 각자가 무언가 약한 부분을 가졌다는 건 속상한 일이 맞습니다. 약한 부분 때문에 더 아프기도 하며, 그래서 더 세심하게 자신을 돌봐주어야 하니까요. 그런데 수진씨의 속상함이, 이렇게 아픈 스스로가 안쓰러워서 드는 속상함인지 아니면 '약한 것은 나쁘거나 부끄러운 것'이라는 전제에서 올라오는 속상함인지를 구분해볼 필요는 있습니다. 어쩌면 그간 수진씨에게 후자의 마음이 너무 크지는 않았을지 한번만 생각해보면 좋겠습니다.

약한 것은 그저 안타까운 일일 뿐이고, 강한 것은 단지 다행스러운 일일 뿐입니다. 약한 부분이 있다는 것이 자책의 이유가 될 수 없으며, 강한 부분이 있다는 것이 자만의 이유가 될 수 없습니다. 물론 이렇게 담백하게 생각하기 어려운 것이 사람 마음이라는 걸 압니다. 그러나 우리가 현실에서 이 사실을 종종 잊더라도, 적어도 마음속 한편에 이 사실을 견고하게 간직하고 있는 것과 그러지 않은 것에는 큰 차이가 있기에 이렇게 말씀을 드립니다.

그래도 수진씨 안에 무언가 찝찝하고 불편한 마음이 계속 존재하고 있을지도 모른다고 생각해요. 그래서 가정을 하나 해보겠습니다. (저는 수진씨가 그런 사람이라는 데 전혀 동의하지 않지만 일종의 사고실험으로) 수진씨가 사실은 나약한 사람이고, 우울감과 불안감을 힘듦의 이유로 들며 핑계를 대고 있다고 가정해봅시다. 만일 정말로 그렇다면, 이것은 이것대로 의심에서 끝나지 않고 마음을 더 잘 살펴주어야 하는 이유가 됩니다. 삶에 커다란 괴로움과 손해를 주고 있는데도 의지를 발휘하지 않고 핑계를 대고 있는 상황이라면, 그건 더더욱 그냥 넘어갈 수 없는 일이며 깊은 심리적인 탐구가 동반되어야 하는 일인 것입니다.

결국 그 어떤 경우라 하더라도 변하지 않는 사실은

(어떤 이유 때문이든지 간에) 수진씨는 지금 괴로움을 느끼고 있다는 것입니다. 이것보다 앞서는 사실은 아무것도 없습니다.

'왜'보다는 '어떻게'에
초점을 맞추어봅시다

그래서 저는 수진씨에게 이렇게 부탁을 드리고 싶어요. 앞으로 스스로에게 접근할 때 '나는 왜 이렇지?'라는 '왜'why에서 주의를 돌려 최대한 '어떻게 하지?', 즉 '어떻게'how에 초점을 맞추어주세요. 이런저런 생각들로 마음이 복잡해질 때 가능한 한 '됐고, 그래서 어떻게 하면 지금이 상태보다 더 괜찮아질 수 있지?'라고 물었으면 합니다.

물론 '왜'를 묻는 일은 굉장히 중요한 행위이기는 합니다. 내가 지금 고통스러운 이유를 제대로 들여다보는 일은 변화의 핵심입니다. 그러나 지금의 수진씨는 이유를 들여다본다는 명분 아래 스스로의 자격을 검증하거나 심판하는 질문을 쏟는 등 자신에게 가혹한 태도를 취하기 쉽습니다. 그러므로 지금은 문제 해결에 중심을 두는 쪽이 더 낫습니다.

처음에는 잘 안 될지 몰라요. 문제 해결에 집중하기 어려울 정도로 힘들 때가 많았을 테니까요. 그리고 자신을 돌보는 일을 1순위로 여기는 것 자체가 수진씨에게 다소 어색할지도 모릅니다. 아마 자신을 의심하는 마음이 '어떻게'를 생각하는 일을 계속해서 방해할 확률이 높습니다. 그렇다면 적어도 일단 그 의심을 '미룬다'고라도 생각해봅시다. 의심을 하더라도 일단 무슨 수를 써서든 자신을 좀 괜찮아지게 만든 다음에 하겠다고 생각해주세요.

제가 이렇게 말씀드리는 이유는 그동안 의구심을 가지고 스스로를 대했던 익숙한 방식을 갑자기 거두는 일이 쉽지만은 않기 때문입니다. 그래서 순서를 바꾸어 자신에게 "일단 좀 괜찮아지고 나서 생각하자. 어떻게든 괜찮아지고 나서 나를 의심하든 추궁하든 하자"라고 말하며 협상하는 방식을 취하는 것이 낫습니다.

사람은 괜찮은 컨디션일 때 자신에 대한 판단을 포함한 각종 판단을 더 합리적으로 할 수 있다는 측면에서도 이는 좋은 방법입니다. 아마 수진씨가 괜찮아지고 난 뒤에는, 힘들었을 때의 자신은 분명히 정말로 힘들었던 것이며 그때의 내가 고생이 참 많았다고 생각하게 되리라 장담합니다.

자신을 적극적으로
돌봐주어도 괜찮습니다

이제 수진씨가 편지의 서두에 언급한, 현재의 상태를 어떻게 하면 좋을지에 대한 말씀을 드릴게요. 편지의 끝 자락에 와서야 이 주제를 꺼내는 이유는 수진씨가 자신을 충분히 돌보기로 마음먹는 쪽에 조금이라도 다가가도록 하는 것이 더 급한 일이었기 때문입니다.

수진씨가 말씀해주신 기존의 우울감, 작년에 있었던 체중 저하 및 일상생활의 어려움, 주기적으로 반복되고 있는 우울감과 불안감으로 미루어 꼭 전문가의 진료를 받아보면 좋겠습니다. 전문적인 도움을 구하는 일은 지금의 수진씨가 실행할 수 있는 가장 적극적이고 합리적인 방식입니다. 수진씨가 가족의 지지를 받기 어려움에도 불구하고 학교에서 심리검사 및 상담을 받은 것은 정말 잘한 일이고, 다행스러운 일입니다. 거기에 더해 저는 수진씨가 자신을 위한 추가적인 조치를 취했으면 하는 것입니다.

제가 말하는 진료란 병원에서 현재의 상태 및 치료가 필요한지 아닌지를 평가하는 행위를 포함합니다. 그런 뒤 치료가 필요한 경우 생물학적(약물치료 등) 및 비생물학적

(상담 등)인 개입을 하는 것을 의미합니다. 무조건 바로 치료를 시작하라는 의미는 아닙니다. 치료를 권고받을 수도 있고, 당분간 지켜보자는 소견을 들을 수도 있습니다. 다만 면담과 검사를 통해 평가하여 치료가 필요하다는 결과가 나온다면 바로 치료를 시작했으면 해요. 혹시 당장 치료가 필요하지 않다 하더라도 자신의 상태를 객관적으로 파악하는 일, 어떤 때 다시 병원을 방문하면 될지 설명을 듣는 일, 수진씨가 혼자서 해볼 수 있는 것들에 대한 조언을 듣는 일만으로도 큰 도움이 될 것입니다.

전문적인 도움을 구했으면 한다는 저의 답에 대한 수진씨의 느낌은 어떤가요? 심리상담 등 전문가의 도움을 받는 것에 호의적이지 않은 가족의 태도, 그리고 스스로에 대한 의문 속에서 지금 수진씨에게 제일 필요한 것은 자신을 적극적으로 돌봐주어도 된다는 믿음을 갖는 일이라는 말씀을 꼭 드리고 싶어요.

오랜 시간 우울감과 불안감, 그리고 자신에 대한 의구심을 안고 견디느라 고생 많았습니다. 수진씨가 앞으로 자신이 어떤 사람인지 천천히 더 알아나가고, 그런 자신의 감정과 생각을 믿고, 자신의 에너지를 스스로를 돌보는 데 최우선으로 배분하게 되기를 바랍니다.

언니의
추천

sister's counseling room

『우울할 땐 뇌 과학』 앨릭스 코브 지음, 심심 2018

우울감과 불안감의 실체는 무엇이고 어떻게 다루어야 하는지를 과학적으로 담백하게 설명하는 책입니다. 힘든 감정 자체를 의심하면서 더 힘든 시간을 겪고 있다면, 이 책이 스스로의 감정을 좀더 손에 잡히는 실체로 받아들일 수 있도록 도와줄 거예요.

「월터 교수의 마지막 강의」 팀 블레이크 넬슨 감독, 2016

각자의 삶에서 고통받는 인물들의 이야기가 옴니버스처럼 흘러가다가 서서히 연결되는 영화입니다. 다양한 등장인물 중 어떤 이에게 더 공감하게 될지 궁금합니다. 삶을 대하는 월터 교수의 태도가 꼭 정답은 아니겠지만, 자신과 타인, 삶에 대해 한번쯤 생각해볼 만한 메시지를 던져줍니다.

「다정한 위로」 오소영

자기 자신에 대한 질문을 받을 때마다 길을 잃은 느낌이 든다는 표현을 읽었을 때 이 곡이 떠올랐어요. 이 곡이 잠시나마, 제목 그대로 다정한 위로가 되어줄 수 있기를 바랍니다.

중요한 일을
자꾸 미루게 돼요

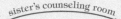

생산적이거나 중요한 일을 자꾸 미루는 나쁜 습관이 있습니다. 이 습관은 고등학생 때 시작된 것 같아요. 그전까지는 성적이 좋은 편이었는데, 하고 싶은 일이 뭔지 모르겠다는 마음 때문인지 공부에 집중하지 못하면서 성적은 점점 내려갔고, 결국 쉽게 재수를 결정했어요. 재수를 할 때도 어영부영 시간을 보냈습니다. 제일 후회되고 스스로가 이해되지 않는 부분은 제가 대학 진학을 위한 정보를 제대로 알아보지 않았다는 점이에요. 막막한 감정에 사로잡혀서 손도 대지 못한 것 같기도 하고, 의지력의 문제인 것 같기도 합니다.

20대 초반에는 저 자신이 한심하다는 감정에 사로잡혔

을 뿐 정작 노력은 하지 못했습니다. 그래도 제가 관심 있는 분야에서 아르바이트 등을 하면서, 스스로 앞가림은 하면서 방황하는 것이니 괜찮다고 합리화하기도 했어요. 그러다 20대 중반이 되어 어학연수를 가기로 마음을 먹었는데, 그때 어머니가 작은 사업을 시작하게 되었습니다. 그 사업을 잠깐 돕다가 계획했던 어학연수는 가지 못하고 몇 년째 이 일을 하고 있습니다. 이 일이 저와 정말 맞지 않아 답답하고 그만두고 싶은데 사정상 그럴 수가 없어요.

그리고 점차 연락에 답장하기가 어려워지기 시작했습니다. 거의 항상 우울하고 절망적인 감정과 함께 저 자신이 참 별로라는 생각들이 들었어요. 누군가와 대화할 에너지가 없는 상태라 답장을 자꾸 미루다보니 어느새 몇달째 답을 못한 메시지들이 쌓여 있어요.

어머니는 제게 의지를 많이 하시는 편이에요. 그러면서도 어머니는 제가 한심하다고, 제가 하고 싶은 일은 다 위험하니 안 된다고 합니다. 그리고 제가 원치 않는 일을 가족이니까 당연히 해야 한다고 생각하고요. 저도 상황을 알고 어느 정도 이해하니까 어쩔 수 없다는 생각과 죄책감 때문에 어머니의 말을 따르게 되었습니다. 일이 있는 걸 고마워하라는 말도 하시는데 저는 제가 하고 싶은 일을 죄책감 없이 하고 싶습니다.

자유롭지 못하고, 하기 싫은 일을 해야만 하는 이런 상황에서 작은 돌파구도 찾아내지 못하는 스스로가 싫습니다. 아무것도 하지 못한 채 시간이 너무 빨리 지나갔다는 사실이 슬픕니다. 한편으로는 이렇게 생각하는 제가 저 자신만 생각하는 이기적이고 못난 사람인 것 같기도 합니다.

아버지는 집안 상황이 어려워지면서 술버릇이 나빠졌고, 위협적이고 공격적인 모습을 자주 보였습니다. 저는 어릴 적부터 부모님이 싸우는 소리를 듣곤 했어요. 아무에게도 말하지 못했고 하지 않았습니다. 지금도 굳이 말을 하지 않고요.

저는 나름대로 낙천적이고 무던한 성격이라 생각해요. 힘든 일이 있어도 금방 넘겨버립니다. 하지만 한편으로 스스로가 무능하다는 생각을 하기도 해요. 미래를 고민하다가도 그만둬버리곤 합니다. 언젠간 답을 찾겠지 하고요. 저의 고민을 어떻게 풀어가면 좋을지 조언을 듣고 싶습니다.

재인씨에게

재인씨가 무언가에서 벗어나지 못하는 느낌을 안고 오랜 시간을 지내왔을 것 같아 안타까웠습니다. 그 '무언가'는 미루는 습관일 수도, 가족에 대한 죄책감일 수도 있겠지만 무엇보다 스스로를 괜찮은 사람으로 여기기 어려워하는 마음이 아닐까 싶습니다. 제가 이 무언가들에 대한 이해를 조금이라도 도울 수 있기를 바라는 마음으로 편지를 시작해보려 합니다.

우리는 일상에서 미루는 습관에 대한 농담을 자주 합니다. 때로는 누가 더 심하게 미루는 사람인지 장난스러운 경쟁(?)을 하기도 하고요. 그러다보니 미루기, 즉 지연 행동procrastination은 그저 '인간적인' 면모로 여겨질 때가 많은데요. 인간적인 면으로서의 미루기와 진지하게 관심을 가져야 하는 미루기를 구별할 필요는 있습니다. 어떤 기준으로 구별할지에 대해서는 다양한 연구와 주장이 존재하지만 주로 주관적 불편감과 비의도성, 그리고 역기능성 여부가 그 기준이 됩니다. 즉 스스로가 괴로움을 느끼는지(주관적 불편감), 효율적으로 일을 끝내기 위해 일부러 미루는 것이 아닌 원치 않는 미루기인지(비의도성), 이로 인해 실질적인 손해를 입었는지(역기능성)를 말합니다.

마감 직전에 가까스로 일을 끝내는 습관을 가진 이들은 '시간이 하루만 더 있으면 지금보다 나은 결과를 만들 수 있었을 텐데'라고 생각하기도 하지만, 사실은 벼락치기가 제일 효과적이어서 그런 습관을 가지게 되었을 가능성이 높습니다. 물론 그 과정에서의 스트레스가 파괴적일 만큼 크다면 습관 변화를 위해 노력할 필요가 있겠지만요. 대체로는 일을 차근차근 한다고 해서 완성도가 크게 올라가지는 않을 확률이 높습니다. 그러나 재인씨의 미루기는 주관적 불편감과 함께 손해(성적, 입시 결과, 인간관계 등)를 가져다주었으며 스스로 의도한 행위가 아니었다는 점에서 주의 깊게 살펴볼 필요가 있습니다.

자기 자신의 감정을 잘 달래주는 건
사실 꽤 어려운 일입니다

겉으로 비슷해 보이는 미루기라도 그 원인은 개인마다 다를 수 있는데, 재인씨의 경우 감정조절에 대한 어려움이 미루기에 결정적인 영향을 미치는 것으로 보입니다. 사실 감정조절의 어려움은 미루기의 중요한 원인 중 하나입니다. 과업을 수행해야 하는 상황에서는 부담감, 실패에 대한 두려움 등의 부정적인 감정이 반드시 발생하는데요. 이 감정을 잘 조절하지 못하면 견디기가 너무 고통스럽기 때문에, 일시적으로나마 마음을 편하게 해주고 고통으로부터 거리를 둘 수 있는 방법인 미루기를 택하게 되는 것이지요. 다시 말해, 재인씨는 과업(대입 준비, 연락에 답장하기 등)을 앞두고 느끼는 부정적인 감정을 그 과업을 수행해낼 수 있을 정도로 조절하는 일, 즉 스스로를 잘 달래고 위로하는 soothing 일에서 어려움을 겪어온 것으로 보입니다.

게다가 재인씨가 평소에 느끼는 우울감과 자책감은 과업 수행과 관련한 감정조절을 더욱더 버겁게 만들었을 가능성이 높습니다. 그러다보면 더 자주 미루게 되고, 그로 인한 결과를 마주하며 우울감과 자책감을 더 심하게 느끼는 일종의 순환고리가 만들어집니다. 그래서 혼자 쉽게 빠져나오기가 어렵다는 느낌을 많이 받았을 거예요.

자기 자신의 감정을 잘 달래고 위로하는 일은 쉬워 보이면서도 사실은 꽤 어려운 일입니다. 이 작업은 자신이 힘든 감정을 느끼고 있다는 사실을 부인하지 않고 충분히 알아주는 것에서 시작합니다. 그리고 그 감정이 영원하지는 않은 것임을 스스로에게 말해주면서 파괴적이지 않은 방법으로 서서히 진정시키는 과정으로 완성됩니다.

이것을 처음부터 스스로 잘하는 사람은 없습니다. 성장하는 과정에서 중요한 사람에게 받았던 위로를 내면화하면서 익히게 되는 경우가 많은데요. 따라서 재인씨가 부정적인 감정에 압도되었을 때 부모님이 어떻게 재인씨를 달래고 위로해주었는지는 현재 재인씨가 스스로의 감정을 위로하는 방식과 큰 관련이 있을 수 있습니다. 재인씨가 묘사한 부모님의 다툼과 아버지의 위협, 어머니의 부정적인 피드백 등으로 미루어 볼 때 매순간은 아니었겠지만 중요한 순간에 가족으로부터 안정적인 위로를 받기가 쉽지는 않았을 것 같다는 생각이 듭니다.

우리 안의 생각을 통제하는 건
우리의 몫이에요

가족에 대한 이야기를 좀더 해보고 싶은데요. 일단 재인씨에게 지금 하고 싶은 일이 있다는 점은 재인씨가 스스로의 욕구를 인지하고 있다는 뜻이므로 아주 다행스러운 일이라고 생각합니다. 하지만 어머니는 재인씨가 한심하다고 말하며 어머니 일을 당연히 도와야 한다고 여기고 계시죠.

여기서 중요한 점은, 재인씨가 어머니의 여러가지 주장에 억울한 마음을 가지고 있으면서도 한편으로는 재인씨 역시 스스로를 한심하다고, 그리고 어머니 일을 돕지 않으면 이기적인 거라고 생각한다는 사실입니다. 어머니의 주장에 불만도 있지만 사실은 상당히 동의하는 마음도 가지고 있어 보인다는 뜻입니다. 그런데 이 동의가 재인씨 자신의 완전하고 자발적인 마음인지를 살펴볼 필요가 있습니다.

좀더 설명을 드릴게요. 재인씨가 지금 돌파구를 찾지 못한다고 느끼는 이유가, 어머니의 가치관을 재인씨 자신도 모르게 스스로의 가치관으로 받아들였기 때문일 수 있습니다(물론 두분의 모든 가치관이 다 똑같다는 뜻은 아닙니다). 이런 상태에서는 어머니가 자신의 입장을 수정하지 않는 이상 재인씨는 어머니뿐만 아니라 자기 자신에게도 계속 한심하고 이기적인 사람일 수밖에 없습니다. 즉 재인씨의 마음이 편안해지는 일이 어머니의 승인에 달리게 되고 그래서 재인씨는 꼼짝할 수 없다는 느낌을 받는 것입니다.

결론적으로 지금 재인씨는 사실 타인인 어머니에 더해, 재인씨 안에 존재하는 '어머니의 주장을 내면화한 자신의 마음'과도 맞서고 있는 셈입니다. 이 사실을 기억하는 것은 중요합니다. 왜냐하면 이 사실은 역설적으로 재인씨에게 통제할 수 있는 무언가가 존재한다는 뜻이기 때문입니다. 어머니의 생각을 통제하는 일은 재인씨의 몫이 아니지만, 재인씨 안에 있는 생각을 통제하는 일은 재인씨의 몫이거든요. 이것은 부담인 동시에 가능성입니다.

떠밀리듯 흘러가는 삶이 아닌
주체적인 선택이 되도록

그러므로 이제부터 자신이 오로지 통제할 수 있는 자

기 자신의 생각을 원점부터 하나씩 다시 살펴보기를 바랍니다. 특히 재인씨가 편지에서 '사정상 어쩔 수 없다'라고 언급한 부분에 대해서도 그것이 정말로 어쩔 수 없는 일인지, 어쩔 수 없는 일의 기준은 무엇인지 등을 재검토하기를 권합니다. 그러다보면 어떤 생각은 진짜 내 생각이 아니었다는 사실을 발견하기 시작할 것입니다. 물론 또 어떤 생각에 대해서는 재인씨가 어머니에게 자발적으로, 진심으로 동의하게 되는 부분도 있을 것이고요.

이 재검토의 결말이, 재인씨가 지금의 일을 그만두고 자신이 원하는 일을 시작하는 것으로 꼭 연결되는 건 아닙니다. 현재 상태를 그대로 유지하는 결말이 될 수도 있어요. 그러나 그렇다 하더라도 이 과정을 거치면서 달라지는 것이 있다면, 이 현상 유지가 떠밀리듯 흘러가는 삶이 아닌 재인씨 스스로의 주체적인 '선택'이 된다는 점입니다. 재인씨가 스스로를 독립적인 사람으로, 자신만의 힘을 가진 사람으로 느끼는 일은 중요합니다. 이것이 재인씨에게 살아 있다는 느낌과 활기를 주기 때문입니다. 따라서 반드시 자신만의 생각을 구축해보기를 바랍니다. 이 과정은 당연히 한순간에 이루어질 수 없습니다. 그렇다면 그동안에는, 즉 재인씨가 편지를 보낸 지금 이 시점부터 당분간은 어떤 태도를 취하는 것이 좋을까요?

지금 하는 일이 재인씨와 '정말 맞지 않는다'고 했어요. 지금의 일은 재인씨가 원하는 일과는 너무 다른 성격일 것이고, 그래서 사막에 덩그러니 놓인 느낌일지도 모릅니다. 그러나 당분간 사막에 있어야 하는 상황이라면 일단 그 안에서 최대한, 마른걸레를 쥐어짜는 심정으로, 재인씨가 하고 싶은 일과 아주 조금이라도 관련 있을 만한 세부적인 업무를 하나 이상 발견해보기를 권합니다(예: 사람 대하는 일, 기획, 홍보, 재무관리 등). 나머지 업무는 영혼 없이 하더라도, 적어도 그 세부 분야 하나에서만큼은 스스로의 역량을 키우는 시도를 해보았으면 합니다.

제가 이런 제안을 드리는 이유는, 모든 노동은 겉으로 그 성격이 아주 달라 보여도 어느 정도는 반드시 보편적인 속성을 공유하기 때문입니다. 예를 들어 모든 노동은 정도의 차이는 있지만 비대면이든 대면이든 반드시 타인과의 접촉을 수반하며, 전문성으로 승부하는 노동에서도 자신을 포장하는 일이나 업무의 전체적인 기획을 하는 일은 반드시 필요합니다. 그렇기 때문에 재인씨가 하고 싶은 일과 어떤 식으로든, 다소 억지스러운 느낌이 나더라도 최대한 연관을 짓고 그와 관련된 역량을 다듬어보기를 권합니다.

　이런 시도는 돌파구를 찾지 못해 무력감이 드는 현재의 상태에서 스스로에 대한 통제감을 얻을 수 있는 방법이기도 합니다. 또한 재인씨가 나중에 원하는 일을 하게될 때 느낄 부담감과 두려움을 미리 경험해보면서 자신감을 키우는 계기가 될 수도 있습니다. 그리고 재인씨의 일주일 중 아주 잠깐의 시간이라도, 자신이 하고 싶은 일과 관련한 직간접적인 경험을 계속해서 해보았으면 합니다. 이런 시도는 그 일과 관련한 능력과 자신감, 동기를 키우는 데 도움을 줄 수 있습니다.

　제가 권해드린 것들을 한꺼번에 다 해야 한다는 뜻은 아닙니다. 이 중 한가지를 골라 도전해보는 것만으로도 한걸음 크게 나아가는 행위라는 말씀을 드리고 싶어요.

감정을 잘 소화할 수 있도록
자기 자신을 위로하고 달래주세요

　사실 이 모든 시도들에 우선하는 일은 자신의 감정을 최대한 잘 달래고 위로할 수 있는 상태가 되는 일입니다. 그래야 제가 제안드린 것들을 더 힘 있게 시도할 수 있어요. 따라서 스스로의 감정을 잘 소화하기 위해 모든 노력을 기울였으면 합니다. 이를 위해 정신건강의학과를 방문하는 등 전문적인 도움을 받는 일은 매우 효과적이고, 재인씨가 꼭 고려해보기를 바랍니다. 현재의 에너지를 끌어올리고 우울감을 완화하는 일이 앞서 말씀드린 순환고리를 멈추는 데 그 무엇보다 중요하기 때문입니다.

또한 과업을 앞두고 부정적인 감정을 조절하는 첫걸음은 '지금 나에게 버겁고 힘든 감정이 든다는 사실을 알아주는 것'임을 꼭 기억해주세요. 그러면서 무엇이 두려운 것인지에 대한 생각을 계속해서 전개해보세요. 그 두려움들을 하나씩 추적하면서 열어보는 과정은 오히려 압도감을 줄여주는 역할을 합니다. 글로 써보는 것도 도움이 되지만 그것이 부담된다면 그저 머릿속에서 꼬리에 꼬리를 물며 공상을 해봐도 좋습니다.

추가로 한가지만 더 제안할게요. 지금의 재인씨는 스스로에게 자동적으로 부정적인 평가(게으르다, 무능하다, 한심하다 등)를 하는 것에 익숙해져 있을 가능성이 높습니다. 따라서 자신에게 건네는 말을 일부러라도 부정문(예: ○○을 하지 않으면 안 돼, ○○을 하지 않으면 무능한 거야)이 아닌 긍정문(예: ○○을 하면 이런 점이 좋을 거야, ○○을 하면 뿌듯한 느낌이 들 거야)으로 말해보기 바랍니다. 이는 자신도 모르게 내면에서 올라오는 비난의 목소리를 줄이는 데 도움이 되는 방식이며, 과거에 받아왔던 위로에서 채워지지 못했던 부분을 이제 성인인 재인씨가 채워주는 행위이기도 합니다.

재인씨가 스스로를 비난하고 자책하는 마음에서 용서하고 책임지는 마음으로 조금씩 더 나아갈 수 있기를, 그리고 그것이 가능하도록 자신의 감정을 잘 위로하고 달래게 되기를 진심으로 바라며 이만 편지를 줄입니다.

Book

『와일드』 셰릴 스트레이드 지음, 나무의철학, 2012

양육자의 학대와 죽음, 가난, 마약중독 등의 시련을 겪으면서 고통스러운 20대를 보낸 저자는 어느 날 수천 킬로미터의 '퍼시픽 크레스트 트레일'을 혼자 걷기로 결심하고 길을 나섭니다. 외로움과 두려움 속에서 저자가 자신에 대한 새로운 발견을 해나가는 과정에 동행하는 느낌을 받을 수 있는 책입니다.

Movie

「내일을 위한 시간」 장피에르 다르덴, 뤼크 다르덴 감독, 2014

복직을 앞두고 있던 산드라는 자신이 복직을 못하는 대신 동료들이 자신 몫의 보너스를 받기로 했다는 사실을 알게 됩니다. 이를 최종적으로 결정하는 투표를 앞두고 산드라는 이틀 안에 16명의 동료를 설득해야 하는 처지에 놓입니다. 이 절망적인 상황에서 산드라가 어떤 태도를 취하는지 지켜보기를 권합니다.

Music

「도망가자」 선우정아

가사 속의 '너'는 연인일 수도, 친구일 수도, 자기 자신일 수도 있습니다. 도망쳐서 충분히 울며 마음을 달래준 뒤에 씩씩하게 돌아오자고, 스스로에게 그렇게 말해줄 수 있기를 바라는 마음으로 추천합니다.

Sister's counseling room

간섭이 심한 엄마가
너무 버거워요

엄마와의 관계가 너무 어렵습니다. 엄마는 자꾸 제 삶에 끼어들고 싶어하고 저는 그게 너무 힘들어요. 어릴 때부터 우리는 너무나 다른 사람이었는데, 엄마는 서로가 다르다는 사실을 받아들이지 못했고 저는 그게 힘들었어요. 초등학생 때 그림을 잘 그렸다고 선생님께 칭찬받은 날 엄마한테 화가가 되고 싶다고 했더니 엄마가 "화가는 돈을 못 버니까 하지 마"라고 했던 기억이 나네요.

결혼식장을 예약하고 왔더니 엄마가 저 몰래 식장에 따로 전화해 계약 조건을 물어봐서 화를 냈어요. 한번은 이직 예정인 회사 홈페이지에 채용 공고가 올라온 걸 보더니 제 이직에 문제가 생긴 게 아니냐고 하신 적도 있고요. 차를 계약했다고 하면 대리점이 어디냐고 묻고요. 엄마는 제가 잘 지내는지, 잘 먹고 다니는지보다 차를 어떤 조건으로 계약했는지가 더 궁금한가봐요. 엄마와 진지한 이야기를 시도해보았지만 그런 대화 자체를 싫어하세요. 제가 무언가 지적하면 자신은 그런 적 없다고 하거나 어떻게 딸이 엄마한테 그렇게 말하느냐고 하고요. 대화를 하다보면 숨이 막혀요.

어릴 때 엄마는 오빠를 예뻐했고, 저는 애교가 없고 안기지도 않았다고 했어요. 엄마가 안아주지 않았던 건데… 그때는 몰랐지만 상처가 되었던 것 같아요. 오빠는 공부를 아주 잘하고 저는 적당히 잘했는데, 사람들이 오빠를 칭찬하면 엄마는 "그러면 뭐 해, 은서는 공부를 안 하는데. 걱정이야"라고 하면서 겸손의 수단으로 저를 언급하곤 했어요. 그럴 때 다른 사람들이 "은서도 공부 잘하는데 왜 그래요"라고 하는 말을 듣는 걸 엄마는 좋아했던 것 같아요. 엄마가 오빠를 따라 이사까지 간다는 걸 오빠가 질색하니까 정이 없다면서 이제는 제게 집착하세요. 저는 제가 다정하기를 바라는 엄마의 기대에 부응하고 싶지 않고요. 복수하고 싶다는 건 아니지만요.

제가 남 보기에 비교적 좋은 직장에 다니는 걸 엄마는 굉장히 좋아하세요. 사람들에게 제가 항상 그 회사에 가고 싶어했다고 자랑하셔서 깜짝 놀란 적이 있어요. 저는 그런 적이 없거든요.

아빠는 정이 많은 편이고 좋은 기억도 많은데, 제가 일하느라 바쁘기도 하고 무뚝뚝한 편이라 잘 반응해드리지는 못하고 있어요.

저는 어릴 때부터 차분하고 조용한 편이었어요. 혼자 여행하는 걸 좋아하고 남을 불편하게 하는 걸 싫어해요. 혼자 하는 여행을 좋아하는 이유도 남과 함께 여행하면 그들을 배려하는 데 마음을 너무 쓰게 되어서 그런 듯해요.

엄마와의 관계를 문제라고 생각하면서도 이걸로 제가 영향을 받고 있다는 사실 자체를 부정하고 싶어요. 어릴 때는 엄마의 통제와 간섭으로부터 영향받는 걸 피할 수 없었지만 지금은 어른이고 엄마와 만나지 않으면 괜찮거든요. 그런데 엄마는 다른 모녀들처럼 다정한 관계를 바라세요. 엄마와 보내는 시간이 길어질수록 숨 막히고 힘들어요.

은서씨에게

은서씨의 편지를 읽으며 제일 눈에 들어온 건 '숨이 막힌다'는 표현이었어요. 생존에 필요한 숨을 쉬는 통로가 막혀 있다는 직관적인 표현에서, 누적된 시간 동안 은서씨가 느껴왔을 답답함이 전해집니다.

앞으로 이어질 저의 편지를 읽는 동안 어쩌면 여러 방향의 불편한 마음들이 은서씨 안에서 일렁일지 모릅니다. 이를테면 어머니를 옹호하고 싶은 마음, 또는 반대로 어머니에게 더 화가 나는 마음 같은 것들이요. 양육자로 인한 괴로운 마음 안에는 보통 강렬한 양가감정이 들어 있기 마련이거든요. 특히 우리 사회에서 아직 주양육자 역할을 더 많이 맡게 되는 어머니에게 자녀가 갖는 느낌은 훨씬 복잡해요. 제가 미리 말씀드리고 싶은 건 은서씨 안에서 다양한 방향의 감정이 느껴진다면 그것은 자연스러운 일이라는 점과, 이 글은 어머니의 입체적인 여러 모습 중 은서씨가 괴로움을 느끼는 부분에 초점을 맞추었다는 점입니다.

은서씨가 어릴 때 느꼈듯 어머니는 '자신과 딸의 다름'을 견디기 힘들어하는 분입니다. 아이는 다름을 견디지 못할 수 있지만, 문제는 양육자가 못 견디는 경우에 발생합니다. '다름'은 맞고 틀리고의 문제가 아니므로 양육자는 (아이는 거기까지 생각하기 어려우니까) 이를 동등하고 상호적인 이슈로 인식하려 노력해야 합니다. 그래야 균형이 맞을까 말까예요. 그런데 많은 양육자가 자신을 표준으로 놓고 거기에서 자녀가 얼마나 벗어나는지를 바라보곤 합니다. 그런 경우 자녀는 흔한 표현으로 '유별나고' '특이하고' '알 수 없는' 아이로 규정지어지죠. 가치관을 형성해나가는 아이의 입장에서는 자신의 다름이 '틀림'으로 여겨지는 환경에서 자기 주관을 보호하기가 쉽지 않습니다.

이때 양육자에게 심리적으로 잡아먹히지 않고 살아남기 위해, 그리고 상처로부터 자신을 지키기 위해 자녀가 취하게 되는 무의식적 전략들 중 하나는 '거리두기'입니다. 어머니께 안기고 싶었고 소통을 시도하기도 했던 은서씨도 결론적으로는 이 방식을 택하게 된 것 같아요. 슬픈 점은 이런 전략에 대해 양육자로부터 다시 부정적인 피드백을 받는다는 점입니다. '애교가 없다' '다정하지 않다'라는 평도 그 예가 될 수 있습니다(그리고 아마도 어머니는 다른 집 모녀같이 다정하지 못한 이유가 어머니 때문일 수도 있다는 점은 인정하지 않을 확률이 높습니다).

당신이 정의하는 다정함은
어떤 형태인가요?

사실 '다정함'의 정의부터 다시 살펴볼 필요가 있긴 합니다. 어머니가 바라는 방식으로 행동하는 것이 혹시 어머니가 정의하는 다정함이지는 않을까요? 저는 은서씨를 모르지만 분명 나름의 다정함을 가진 사람이라는 추측이 강하게 들거든요.

일반적으로 자녀에 대한 정서적 측면에서의 기대치는 대개 딸에게 더 높은 편이므로 '다정함'의 문제에 있어 은서씨는 어쩌면 다소 부당한 평가를 받아왔을지 모른다고 생각합니다. 또한 어찌 되었든 은서씨의 현재 모습은 자신의 중심을 잘 지켜내려던 노력의 결과입니다. 혹시라도 어머니와의 관계 속 자신의 태도에 비판적인 생각이 든 적이 있다면 방금 제가 말씀드린 것들을 떠올려주세요.

사랑이라는 단어 역시 정의하기 나름이지만 제가 보기에 어머니는 은서씨를 사랑합니다. 다만 '개별적이고, 주체적이며, 어머니와 분리된 존재로서의 은서씨'에 대한 사랑만은 아닌 (은서씨에게 투영한) 어머니 자신에 대한 사랑이 섞여 있는 것 같아요. 그래서 어머니가 원하는 모습으로 은서씨가 존재해야 어머니는 만족감을 느끼고, 그렇지 못하면 괴로움을 느끼는 것입니다. 보통 '너를 위해서'라는 표현 아래 자녀와의 관계에서 이런 일이 생기곤 합니다.

여기서 자녀의 혼란이 발생합니다. 양육자가 나를 몹시 사랑하고 걱정해주는 것만 같은데 이상하게 거부감이 들고 답답합니다. 그렇다고 해서 양육자가 나를 사랑하지 않는다고 하기에는 무언가 찝찝하고 미안한 마음이 들고, 양육자의 사랑을 그 방식 그대로 받아내자니 내가 없어지는 것만 같은 마음이 들고… 이 사이에 끼여 갈팡질팡하기 쉽습니다. 이는 자기 자신이 배은망덕한 사람이라도 된 것만 같은 죄책감(진짜 죄와는 무관한)으로 이어지기도 하고요.

이는 '심리적 통제'라는 방식의 양육 행동이기도 합니다. 통제는 강압적인 행위만을 의미하지 않습니다. 양육자의 기대를 자녀가 만족시키지 못할 때 양육자가 애정을 철회하거나 죄책감을 유발하고, 자녀의 결정에 불안을 심어주고, 자녀의 감정을 인정하지 않는 방식 등으로 영향력을 발휘하는 것이 통제입니다. 양육자가 치밀한 계획을 세우고 행하는 것이라기보다는 가족이라는 공동체 내에서 양육자-자녀라는, 끈끈하면서도 힘의 차이가 큰 관계에서 일어나기 쉬운 패턴입니다. 그래서 정도의 차이는 있으나 많은 이들이 양육자와의 관계에서 은서씨와 유사한 상황에 처하기도 합니다.

나는 나의 고통을 살필
자격과 의무가 있습니다

이런 가운데 자녀가 성인이 되고 나면 새로운 갈등이 시작됩니다. 이때부터라도 양육자가 자녀의 독립을 받아들이는 한편으로 자신의 에너지를 투여할 다른 주제를 찾으려 한다면 제일 좋겠지만 현실은 이렇게 흘러가지 않는 경우가 많습니다. 은서씨의 어머니 역시 이러한 상황에 있는 것 같다는 생각이 듭니다. 그런데 자녀들이, 특히 딸들이 그런 어머니에 대한 감정을 다루는 일은 굉장히 어려울 수 있습니다. 앞서 말했듯 어머니가 주양육자를 맡을 때가 많고, 어머니는 대개 딸에게 더 높은 정서적 기대치를 가지며, 딸은 어머니가 기쁨과 권력을 누리기보다는 (오랫동안 이어져온 사회적 억압 등으로 인해) 고통받는 모습을 보게 될 때가 많기 때문입니다.

물론 은서씨의 부모님이 어떤 삶을 살아왔는지 제가 알지 못하며, 모든 가족이 절대로 같은 모습이 아니라는 걸 압니다. 다만 어머니라는 존재에 대한 사람들의 전반적인 감정, 그리고 편지에서 어머니와 거리를 두고 싶어 하는 은서씨의 이면에서 감지되는 불편한 감정을 토대로 좀더 드리고 싶은 말씀이 있어요. 은서씨의 감정과 얼마만큼 겹쳐지는지 한번 살펴보면 좋겠습니다.

어머니에게 받았던 엄청난 실질적인 돌봄, 어머니가 자식인 나에게 모든 걸 쏟아부었다는 느낌, 어머니가 여성으로서 겪은 현실적인 억압을 목격한 경험, 나 때문에 어머니가 본인 삶을 희생한 것 같다는 생각… 이 모든 것이 한데 얽혀 개인 안에서 복합적인 감정을 형성하는 경우가 많습니다. 이는 자기검열로 작용하여 어머니에게서 느낀 고통을 제대로 직면하는 일을 매우 어렵게 만듭니다.

그러나 어머니 개인이 겪었던 고통이나 희생은 그것대로 존재하는 것이며, 딸인 자신이 느껴온 고통은 그와 별개로 스스로가 돌봐주어도 되고 돌봐야 하는 주제입니다. 나는 나의 고통을 살필 자격과 '의무'가 있습니다. 어머니로부터 겪은 자신의 고통을 인정하는 것이, 사회적 억압으로 인한 요인이 존재함을 무시하거나 어머니의 노고를 부정한다는 뜻이 아니라는 점을 (심지어 어머니 자신이 그렇다고 주장하더라도) 꼭 기억해주었으면 합니다. 어머니의 희생이 나의 고통을 무효로 만들 수는 없습니다. 이 두가지 주제는 서로 한 몸이 아님을 잊지 말아주세요.

상대방과 별개의 사람으로 존재할수록
더 오래 함께할 수 있습니다

이제 은서씨에게 권하고 싶은 마음가짐을 말씀드릴게요. 앞으로 어머니와의 관계에서 죄책감이라는 감정은 반드시 동반된다는 각오⁽?⁾를 아예 하길 바랍니다. 어머니를 만족시키면서 죄책감도 느끼지 않는 동시에 자기 자신으로 살아갈 수 있는 방법은 안타깝지만 없습니다. '다정한' 딸을 원하는 어머니가 그 소망을 거두어주길 바라는 것은 은서씨의 소망입니다. 그 소망은 정당한 것이기도 하고요. 속상한 말이지만 정당한 소망이라고 해서 이루어질 수 있는 것은 아닙니다. 우리는 어머니의 생각을 통제할 수 없기 때문이에요. 따라서 은서씨가 온전한 자기 자신으로 살아가는 이상 '다정한' 딸이 아니라는 데 따라오는 어머니의 서운함은 존재할 수밖에 없습니다. 죄책감도 서운함도, 없어야 하는 것이라고 여기지 마세요. 그렇기에 죄책감을 데리고 지내는 것에 (고통스러운 과제임을 알지만) 계속해서 익숙해지기를 바랍니다.

어머니를 대하는 방식은 어떻게 가져가는 게 좋을까요? 은서씨가 할 수 있는 것과 할 수 없는 것을 구분해봅시다. 은서씨를 개별적이고 주체적인 존재로 여기도록 어머니를 변화시키는 건 할 수 없는 일이지만, 은서씨가 스스로를 그런 존재로 여기는 건 할 수 있는 일입니다. 어머니뿐만 아니라 그 누구와도 마찬가지입니다. 상대와 별개의 사람으로 존재할수록 우리는 더욱 안전한 마음으로 상대를 사랑하며 존중하고, 공감하며, 더 오래 함께할 수 있습니다.

자신의 중심을 지키며 이어나가는
버겁지 않은 선에서의 유대

　은서씨가 편지에 말한 것들을 예로 들면서 구체적으로 말씀드릴게요. 이미 지난 일이지만 앞으로 펼쳐질 일들과 크게 다르지 않은 성격일 가능성이 높거든요. 결혼식장을 계약하고 왔는데 어머니가 말없이 식장에 연락해서 계약 조건을 물었다는 걸 알았을 때 화가 났을 거예요. 침투당했다는 느낌과 무력감, 그리고 무언가 남 보기에 부끄럽다는 생각이 들었을지도 모르겠어요. 일단 그 부끄러움만큼은 은서씨의 몫이 아니라는 점을 스스로에게 상기시켜주세요. 그 행동은 개별적 존재로서의 어머니가 자의적으로 행한 겁니다.

　그래도 어쨌든 너무 속상하죠. 속상한 자신을 위로해주는 한편 안심도 시켜주세요. 침투당했다는 느낌에는 무언가를 위협당한 것만 같은 느낌이 기저에 있을 수 있거든요. 화는 나겠지만 은서씨가 여기서 진정으로 빼앗긴 것은 없어요. 무력감은 들겠지만 진짜로 무력한 존재는 아니에요. 스스로를 계속해서 잘 지켜내면 돼요. 어머니에게는 "걱정이 되셨나보다. 하지만 이건 나의 일이니 앞으로는 이렇게 하지 말아달라"라고 요구하세요. 앞으로 어머니가 또 그런 행동을 할 수도 있지만 일단 은서씨가 할 수 있는 조치는 한 것입니다.

회사 홈페이지를 보고 이직에 문제가 생긴 것 아니냐는 불안 섞인 반응을 들었을 때도 힘들었을 거예요. 이때도 어머니의 불안과 불신은 은서씨의 몫이 아니라는 점을 되새기면서, 그 불안과 불신을 다 없애주려 허겁지겁 노력하지 마세요. 이것이 스스로를 어머니와 개별적인 존재로 여기는 방식입니다. 어떤 점이 걱정되는지 어머니에게 묻고 이직에는 문제가 없다고 대답한 뒤, 그래도 계속해서 못 미덥다는 반응을 보이거나 꼬치꼬치 물어보시면 일일이 다 해명하지 말고 입장을 반복하세요. 그러면서 스스로에게는 "이것이 나를 염려하는 엄마만의 방식일지도 모르지만 그와 별개로 어쨌든 속상하네. 그리고 어쩌면 오랫동안 이런 방식으로 나에게 불안이 심어졌을지도 모르겠다" 같은 식으로 말해주며 자신의 마음을 돌봐주세요.

차를 계약한 대리점이 어디냐고 묻는 것이 어머니 나름의 사랑의 방식일 가능성과는 별개로, 자신의 다른 안부를 묻지 않는 데 대한 스스로의 좌절감을 먼저 위로해주세요. 그런 다음 걱정하는 어머니의 마음에 대한 존중을 표현하되, 대리점은 알려주지 마세요.

그리고 그런 은서씨 행동에 대한 어머니의 반응을 예상해놓는 게 좋습니다. 아마 손해 봤을지 모른다며 불안을 조장하는 말씀을 하시거나 무뚝뚝해서 서운하다며 은서씨의 태도를 비난할 수도 있어요. 그때는 역시 "서운하다니 마음이 아프"다 정도의 반응만 보이세요. 마음먹은 대로 반응하는 게 무척 어렵겠지만, 그래도 시도하다보면 점차 스스로의 반응을 더 잘 조절할 수 있을 거예요. 이런 일이 반복되다보면 어머니가 '내가 아무리 원해도 넘을 수 없는 선이 있다는 사실'을 천천히 학습하게 될 수도 있어요. 그러면 은서씨가 자신의 영역을 더 수월히 지키는 데 도움이 될 겁니다.

그리고 스스로의 한계치를 가늠해본 뒤 어머니와 만나는 시간의 최대 빈도를 설정하고 그것을 사수하는 방향으로 가기를 바랍니다. 괜스레 미안한 마음에 어머니와 자주 시간을 보내려다가 피로감이 쌓이는 바람에 갈등이 생길 수 있거든요. 그러면 시간은 시간대로 쓰면서 서로의 만족도는 오히려 더 떨어질 수 있습니다. 은서씨가 감당 가능한 빈도로만 어머니를 만나면서 비교적 무난한 시간을 보내는 쪽이 훨씬 낫다는 걸 기억해주세요(물론 그

빈도 설정에 따라오는 서운하다는 반응은 감수해야 할 것입니다).

이제는 은서씨가 더이상 어릴 때처럼 통제되거나 지배당하는 일은 결코 일어나지 않는다고 믿어도 됩니다. 그러니 은서씨가 할 수 있는 것들만을 생각하면서, 자신의 중심을 가지고 어머니와 '버겁지 않은' 선에서의 유대를 잘 이어나갈 수 있기를 바랍니다.

sister's counseling room

『사나운 애착』 비비언 고닉 지음, 글항아리 2021

뉴욕의 유대계 이민 가정에서 자란 저자가 어머니와의 관계를 중심으로 자신의 성장기와 현재를 풀어나간 자전적 에세이입니다. 살아온 환경도 문화도 다르지만, 우리가 어머니와 함께하며 느껴온 중요한 감정들과 만나는 지점을 많이 발견할 수 있을 것입니다.

「레이디 버드」 그레타 거윅 감독, 2018

잔소리가 심하고 자신의 감정에 잘 공감해주지 못하는 어머니와의 관계에서 딸 크리스틴은 분노와 좌절, 죄책감 등 다양한 감정을 경험합니다. 예민한 사춘기에 크리스틴이 느꼈을 세세한 감정의 모양을 들여다보기 바라며 추천합니다.

「가족을 찾아서」 이랑

자신이 바라는 가족과 실제 가족 간의 괴리, 그리고 그 안에서 느끼는 복잡한 마음을 노래한 곡입니다. 정겨움과 애틋함을 담고 있는 대부분의 가족 관련 곡들과는 다른 종류의 정서를 느껴보면 좋겠습니다.

왜 이런 사람이
우리 아빠일까요

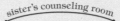
아빠와 거의 매일 다툽니다. 다툼이 계속 이어지다보니 분노와 죄책감이 너무 크고 삶의 의욕도 떨어집니다. 주로 제가 아빠를 지적하고(변기 물을 내리지 않는 것, 식사 전 손을 씻지 않고 음식을 만지는 것, 밥 먹을 때 쩝쩝거리는 것, 쓰레기를 방바닥이나 식탁 위에 그대로 올려놓는 것 등) 아빠는 그때마다 버럭버럭 화를 냅니다. 아빠는 내가 뭘 그리 잘못했느냐고 항변하고, 그럴 때면 저는 죄책감이 들면서도 왜 이런 사람이 아빠인지, 나도 결국 아빠와 똑같은 사람이 아닌지 절망스럽습니다.

원래 사이가 좋은 편은 아니었지만 심각할 정도로 싸우기 시작한 건 작년에 아빠가 퇴직하고 온종일 집에 있으면서부터예요. 아빠는 퇴직 후에는 외출을 거의 하지 않고 집에만 있어요.

아빠는 평소에 자기 생각을 표현하지 않고 조용히 있다가 갑자기 폭탄 터지듯 화를 내는 편입니다. 어릴 때 가족들과 나들이 중 식당에서 식사를 하는데, 동생이 식탁에서 과자를 꺼내 먹자 밥 안 먹고 과자를 먹는다며 아빠가 버럭 화를 냈어요. 동생이 울자 울지 말라며 더 화를 냈고요. 사람들이 다들 쳐다보는 게 너무 창피했어요. 결국 밥도 먹지 못하고 다시 집으로 돌아갔습니다. 그 기억이 상처가 되어 그날의 나들이는 떠올리고 싶지도 않아요.

할아버지는 아빠가 어릴 때 돌아가셨고 할머니는 자식들을 먹여 살리려 갖은 고생을 하시다 아빠가 젊을 때 돌아가셨습니다. 아빠는 자신이 이미 다 늙었다고 생각해요. 마스크를 쓰지 않았다고 지적하는 어린 여자 직원에게 본인 나이가 예순이 넘었다면서 버럭 화를 냈습니다. 밖에서 이런 일이 있을 때마다 수치스럽고 화가 납니다.

저와 엄마의 관계는 좋은 편이지만 엄마가 저를 많이 참아주고 있어서 그런 것 같기도 해요. 제가 어릴 때 엄마는 예민했고 곧잘 짜증을 냈거든요. 제 이야기를 하자면, 저는 집에 있을 때는 화도 짜증도 잘 내는데 집 밖으로 나가면 원래의 표정이나 목소리, 성격이 모두 한번에 숨어버리는 느낌이 듭니다. 어릴 때부터 그랬어요. 후회되거나 실수한 일을 끊임없이 생각하는 편이기도 하고요.

그리고 인간관계에서 어려움을 느낍니다. 저보다는 타인의 욕구를 따라주곤 하고, 남들이 나를 싫어하지 않을까 눈치 보며 제 생각과 느낌을 잘 표현하지 않아요. 그래서 관계에 피로감을 많이 느끼고, 차라리 혼자 있는 게 마음이 편해요. 나이가 들면서는 부모님이 약해지는 것도 혼자 사는 것도 두려워져서 배우자를 찾아 의지하고 싶은 마음도 드는 것 같아요. 하지만 친구가 많지는 않고 제대로 된 연인관계를 맺어본 적도 없어요. 아빠와의 관계 문제 때문인지 남자를 대하는 것이 사실 좀 불편하기도 합니다. 아빠와 관련한 고민을 어떻게 풀어가는 게 좋을까요?

수현씨에게

　수현씨의 매일매일이 몹시 괴로워 보여 안타까운 마음이 듭니다. 집이 재충전의 장소가 아닌 에너지를 빼앗는 곳이 된 것만 같아 마음이 아픕니다. 바깥의 관계에서도 피로감을 많이 느끼는 수현씨에게 지금이 무척 힘든 시기일 것 같아요.

　작년부터 본격적으로 많이 싸우긴 했지만 아버지의 이런 모습은 수현씨가 어릴 때부터 계속 있어온 것 같네요. 갑자기 버럭 화를 내니 조마조마한 마음이 자주 들었을 테고 아버지를 편히 대하기도 어려웠을 것 같아요.

　수현씨의 아버지는 감정 표현이 능숙하지 못할 뿐 아니라, 스스로의 감정을 알아차리는 데도 어려움이 있을 가능성이 높습니다. 나들이 때의 기억을 봐도 그렇습니다. 아마도 아버지는 이미 기분이 안 좋은 상태였을지도 몰라요. 자신의 상태를 알아차려서 화가 폭발 단계까지 가기 전에 조절하거나, 감정과 상황을 분리해서 생각해야 하는데 그러지를 못했던 거죠. 동생이 과자를 먹기 직전까지 기분이 괜찮은 경우였다 하더라도 곤란하기는 합니다. 자신이 통제하고 싶어진 동생의 행동만이 관건이 되면서, 가족들이 느낄 수치심은 고려되지 않은 즉각적인 분노가 나온 거죠.

조심스럽게 짐작하자면, 부성fatherhood의 측면에서 보았을 때 아버지는 생계부양자로서의 역할은 수행하셨으나, 정서적 돌봄의 역할은 수현씨가 받고 싶었던 것에 비해 상당히 부족했을지 모른다는 생각이 듭니다.

아버지는 또한 현재의 부정적인 감정을 다루는 데도 어려움을 겪고 있는 듯합니다. 퇴직하며 생계부양자의 역할에서 물러난 일, 그리고 나이가 들어가는 일은 누구에게나 두려움과 수치심을 안겨줍니다. 자연스러운 감정이에요. 다만 그 감정을 잘 소화하는 것이 중요한데 이게 잘 안 되고 있는 것 같아요. 그러다보니 '행위'에 대한 지적을 아버지 '자신'에 대한 지적으로 받아들이면서 매우 방어적인 (그러나 타인이 느끼기엔 공격적인) 반응이 나오는 상황으로 보입니다.

문제는 아버지의 패턴이 세상이나 타인에 대한 아버지의 적대감을 더 강화할 수 있다는 점이에요. 감정을 짐작하기 어렵고 갑자기 화내는 사람을 호의적으로 대하기는 어렵겠지요. 상대도 같이 화를 내거나 아니면 피할 테니까요. 그러면 아버지는 자신에 대한 그런 반응을 접하며 주변에 더 적대적인 태도를 보이기 쉽습니다. 일상에서 흔히 쓰이는 표현으로 말하자면 점점 더 외로워지는 거죠. 아버지의 이 같은 현재는 살아온 시대, 그리고 수현 씨가 적었듯 아버지가 개인적으로 놓여왔던 환경과도 관련이 있을 수 있습니다.

아버지에게 받기를 원했지만
받지 못했던 것은 무엇이었나요?

사실 아버지와의 관계에서 수현씨와 (완전히 똑같지는 않더라도) 비슷한 결의 고통을 겪고 있는 사람들이 꽤 있습니다. 가족과 관련한 사생활은 보통 잘 드러내지 않기 때문에 서로의 사정을 알지 못할 뿐이죠. 상당히 많은 이들에게 이런 일이 일어나는 데는 성역할을 둘러싼 이유도 포함되어 있습니다. 시대가 정말 많이 변하기는 했지만, 지난 오랜 세월 동안 남성(특히 아버지)이 분노 이외의 풍부한 정서나 애정을 드러내는 일은 남자답지 못한 부정적인 것으로 여겨져왔어요. '엄격한 아버지, 자애로운 어머니'라는 상투적인 표현이 있듯이요(사실 엄격한 것과, 정서 표현이 제한되거나 화를 내는 건 서로 다르지만 많은 사람들이 그것을 비슷하게 받아들여왔지요).

많은 경우 가족 내에 암묵적 균형점이 생기면서 이 문제가 일정 수준 이상으로 불거지지 않은 채로 지내기도 해요. 그러다 퇴직 후 가족들과 지내는 시간이 길어지면서 균형이 깨지고 갈등이 촉발되는 경우가 상당히 많습니다. 새롭게 바뀐 가족 내 역할에 적응해야 하는데, 아버지는 과거의 생활 방식을 그대로 고수하여 서로 스트레스를 받는 거죠.

지금까지 아버지에 대한 꽤 긴 설명을 드렸습니다. 아버지를 비난하는 것도 감싸는 것도 아닌, 최대한 '있는 그대로' 파악하는 일이 수현씨 고민의 실타래를 풀어가는 출발점이기에 이렇게 먼저 살펴보았습니다. 이제 (비로소) 수현씨의 감정에 대해 이야기해볼게요. 수현씨의 감정을 더 잘 이해하기 위해서는 수현씨가 태어나서부터 지금까지 아버지에게 받기를 원했지만 받지 못했던 것은 무엇이었는지 생각해볼 필요가 있습니다. 아버지를 향한 분노의 핵심에는 돌봄받고 상호작용하고 싶었던 욕구가 좌절되었던 내적 경험이 기여하고 있기 때문입니다. 자신이 분노하는 대상에게 그러한 욕구를 가진 적이 있다는 걸 받아들이기 힘든 경우도 있습니다만, 이것은 어쩔 수 없는 사실입니다. 누구나 태어나면서부터 양육자에게 이런 욕구를 가집니다.

방금 드린 설명을 다른 말로 표현하면, 현재 상황에 대한 분노만으로는 설명하기 어려운 더 강력하고 뿌리 깊은 분노가 존재해왔을 가능성을 생각해봐야 한다는 뜻입니다. 이것이 중요한 이유는, 이 점을 인지하지 못하면 수현씨가 오로지 아버지의 '순간적인 행동' 하나 때문에 엄청난 크기로 분노하는 사람이라고 스스로를 오해할 수 있기 때문이에요.

물론 아버지의 어떤 행동들은 꽤 불쾌함을 불러일으키는 게 사실입니다. 매일 겪다보면 더욱 그럴 테고요. 하지만 좀더 깊숙한 곳에서부터 불처럼 뜨거운 분노가 올라오는 느낌이 든다면 그건 눈앞에 보이는 바로 그 행동 때문만이 아닌, 지금까지의 뿌리 깊은 좌절감으로부터 유발된 분노라는 사실을 기억할 필요가 있습니다. 그래야 수현씨가 은연중에 자신을 '사소한(?) 행동 하나에 쉽사리 분노하는 파괴적이고 부적절한 사람'으로 취급하면서 아버지와 동일시하는 일을 멈출 수 있습니다.

아버지와의 관계는
스스로를 대하는 태도에도 영향을 줍니다

아버지와의 관계는 수현씨가 스스로를 어떤 사람이라고 느끼는지, 그리고 타인을 어떤 태도로 대하는지에도 큰 영향을 줍니다. 이 사실을 받아들이기 어려워하는 경우가 있는데 수현씨는 이를 의식 수준에서 인식하고 있어 다행입니다. 또한 양육자와의 상호작용은 자신과 타인에 대한 전제뿐 아니라 성역할에 대한 인식, 성에 대한 의미 형성에도 (유일한 영향은 아니나) 아주 큰 영향을 미칩니다. 아버지가 여기에 구체적으로 어떠한 영향을 주었는지를 떠올려보는 일은 수현씨가 현재의 관계, 특히 남성과의 관계에서 구체적으로 어떤 점이 불편한지를 이해하는 데 큰 도움이 될 것입니다.

수현씨가 편지에서 말한 현재의 힘듦을 그나마 쉽게 덜 수 있는 방법은 아버지와 같은 공간에 있는 시간 자체를 줄이는 일입니다. 그리고 당장은 아니더라도 장기적으로 부모님과 적당한 거리를 두고 거주하는 방법을 고려할 필요도 있다고 봅니다.

그러나 당장은 이것이 여의치 않을 수 있으며 다소 표면적인 해결책이기도 하기에 다른 제안을 더 드리겠습니다. 먼저, 혹시 자신도 모르게 다른 가족을 '대신해서' 아버지를 지적하는 경향이 있었는지를 떠올려본 후 그런 것이 조금이라도 있다면, 이제부터는 하지 마세요. 가족마다 암묵적으로 자신도 모르게 맡게 되는 역할이 있을 수 있거든요. 수현씨는 물론 스스로가 못 참겠어서 아버지를 지적하는 거라고 생각할지 모르고 실제로 그런 부분도 있겠지만, 어쩌면 수현씨가 아버지를 지적하는 역할을 아주 자연스럽게, 그리고 자동으로 담당했을 수 있어요. 이런 경우 갈등이 발생하면 보통 가족 내에서 '두 사람의 문제'로 비치거나 '한명만 참으면 온 가족이 평화로운 상황'인 것처럼 인식되는 경우도 있어요. 이 가능성을 한번 고려해보기를 바랍니다.

그리고 이제부터 수현씨 자신이 무엇을 추구해나갈지

그 방향을 재정비하길 권합니다. 그러기 위해서는 아버지의 무례한 행동과 버럭대는 습관이 '확 바뀔 수 있고 확 바뀌어야 한다'는 무의식적 전제가 혹시라도 수현씨 안에 있었는지를 물을 필요가 있습니다. 안타깝지만 수십년간 유지되었던 성격이고 유연함은 보통 점점 더 떨어지니 아버지의 방어적인 패턴은 계속될 확률이 높아요. 가슴 아프지만 이 사실을 받아들여야 합니다. 옳다고 인정해드리라는 뜻도 순응하라는 뜻도 아닙니다. 다만 지금 수현씨가 할 수 있는 일은 자신이 겪고 있는 '분노-죄책감-의욕저하'의 순환고리를 '아버지의 행동 변화가 없더라도' 약화하는 방법을 찾는 것뿐이라는 뜻입니다.

단 한번이라도 성공한다면
무력한 상황에서 한발짝 벗어날 수 있을 거예요

아버지를 직접 대할 때의 방법을 말씀드릴게요. 일단 수현씨가 제일 불쾌하게 느끼는 아버지의 습관을 딱 세가지(이것도 많을 수 있지만요) 정도만 정하고, 나머지는 그냥 과감히 무시하세요. 물론 어렵죠. 하지만 시도해봅시다. 그리고 그 세가지 행동에 대해 대화할 때는, 그 행동이

125

불러올 결과를 근거로 제시하면서 변화하도록 요청해보세요(예: 쓰레기를 방바닥이나 식탁 위에 그대로 두면 집이 지저분해지고, 결국 다른 가족들이 치워야 해서 번거롭다. 아빠가 사용하고 나온 쓰레기는 그때그때 휴지통에 버리면 좋겠다). 비난조로 말하지 않고 부드럽게 말하는 게 제일 좋지만 그러기가 무척 어려울 테니 마치 고장 난 라디오처럼 짜증이나 화의 기운을 최대한 뺀 건조한 어투로 반복하세요. 그리고 행동의 변화가 보이면 거기에 대한 고마움과 긍정의 표현을 해주세요.

이렇게 하는 게 중요한 이유는, 수현씨가 담백하고 정중하게 요청할수록 '내가 공격받았다'라는 아버지의 주장에 자신도 모르게 설득되어 자신을 아빠와 똑같은 사람이라고 자책하는 일을 엄청나게 줄일 수 있기 때문입니다. 수현씨가 담백하게 반응할수록 아버지의 불쾌함은 아버지의 몫이 됩니다. 그 감정이 수현씨 때문이라고 느낄 여지를 가능한 한 줄여봅시다.

이 방법을 시도할 때 아버지는 지금까지 그래왔듯 요청을 받아들이지 않거나, 수현씨를 나쁜 사람 취급하거나, 내가 뭘 그리 잘못했느냐는 등의 익숙한 반응을 보일 거예요. 여기서부터가 진짜 중요한데요. 아버지의 그 반응에 수현씨가 즉각적으로 화를 내버린 뒤 자괴감에 빠지는 덫에 걸리지 않으려 노력해야 해요. 편지를 통해 이렇게 상기하는 것만으로도 덫에 걸리기 전에 미리 알아차리는 데 도움이 될 수 있습니다. 우리는 이 덫이 있을 거라고 예상했고, 아버지가 화를 내면 그 예상이 적중했던 거고, 그러면 피할 기회가 있는 거예요. 수현씨는 "아버지를 불쾌하게 만들려는 건 아니었는데 그랬다니 속상하다" 정도로만 반응하고 그냥 물러나세요. 이해시키려 하지도 말고요.

처음에 잘 안 돼도 괜찮아요. 단번에 조절되는 것이었다면 이렇게 오랫동안 힘들지도 않았을 겁니다. 그러나 수십번의 실패 후 단 한번만이라도 덫에 걸리지 않는 데 성공하면 분노–죄책감–의욕 저하의 쳇바퀴 안으로 무력하게 들어가버리던 상황에서 한발짝 벗어나 '자기조절력'을 느낄 수 있을 겁니다.

내 안의 힘을 키워
조금 더 단단해지길 바랍니다

마지막으로 수현씨 안에서의 힘, 특히 독립성을 키워나가는 노력을 꾸준히 하길 바랍니다. 우리는 생물학적 성인이 된 이후의 어느 시점이 되면 누구나 (질병 등의 특별한 사정이 있지 않은 한) 인생의 새 챕터를 맞이하게 됩니다. 여기서 새 챕터란 결혼을 하든, 다른 형태의 공동체를 이루든, 1인가정을 꾸리든, 과거의 양육자와 계속 거주를 하든 간에 스스로를 독립적인 사람으로 정체화하는 시기, 또는 그것을 둘러싼 고민을 하는 시기를 말합니다. 그리고 제가 보기에 지금 수현씨는 인생의 새 챕터에 들어와 있는 것 같아요. 나의 원가족으로부터의 독립(계속 같이 거주하더라도)을 고민하는 시기가 왔다는 뜻이에요. 누구에게나 막막한 주제입니다.

이 시기에는 흔히 양육자의 어떤 면이 무척 싫으면서도 막상 독립을 생각하면 확 두려워지면서, 그런 양육자에게 의존하고픈 마음이 든다는 사실에 수치심을 느끼는 경우가 있어요. 거기에 양육자가 약해지는 모습까지 보면 두려움이 더 커지면서 (그런 두려움을 안겨주었다고 여겨지는) 양육자에게 역설적으로 더 큰 분노를 느끼기도 합니다. 그렇기 때문에 수현씨가 힘을 키움으로써 부모님과의 이별과 자신의 생존을 더 적게 연결할 수 있게 되면, 지금보다는 덜 복잡한 마음으로 아버지를 대할 수 있을 것입니다.

수현씨가 독립의 역량을 계속해서 키워나가는 일은 그 자체로도 중요하고 아버지와의 관계에도 도움이 된다는 뜻입니다. 낯설고 두려운 과정이에요. 하지만 해봅시다. 신체적으로 안전한 범위 내에서 연애관계 및 동료관계를 하나씩 천천히, 그러나 계속해서 경험해보기 바랍니다. 일단 표면적인 관계라도 괜찮아요. 부모님이 더이상 양육자가 아님을 받아들이면서 앞으로 나아가봅시다. 순식간에 이룰 필요는 없고 잠시 멈춰도 되니까요.

저의 편지만으로 아버지, 그리고 수현씨 자신에 대한 고민이 손쉽게 해결될 수 있다고 한다면 저는 아마도 거짓말을 하는 거겠지요. 다만 어느 정도의 힌트를 얻을 수 있기를 바랍니다. 많은 이들에게 가족이란 참으로 무거운 존재입니다. 그러나 동시에 그렇기 때문에, 가족에 대한 깊은 고민을 통해 그 영향을 이해할수록 가족 문제뿐 아니라 다른 문제에서도 자유로워질 수 있을 것입니다. 수현씨가 점차 스스로를 더 단단한 존재라고 믿을 수 있게 되기를 기원하겠습니다.

언니의 추천

Sister's counseling room

Book

『배움의 발견』 타라 웨스트오버 지음, 열린책들 2020

모르몬교 근본주의자인 아버지의 신념에 따라 교육이나 의학적 돌봄을 전혀 받지 못하며 살아오다가, 가족을 떠나 비로소 자신의 삶을 찾아가는 저자의 여정을 그린 자전적 에세이입니다. 아버지에 대한 분노와 죄책감, 가족에게서 배제되는 두려움, 세상으로부터의 소외감 등을 품은 채 성장해나가는 과정을 따라가보며 힘을 얻을 수 있기를 바랍니다.

Movie

「미첼 가족과 기계 전쟁」 마이클 리안다·제프 로 감독, 2021

딸 케이티가 대학 진학을 위해 집을 떠나는 길에 가족들이 갑작스레 동행하면서 벌어지는 사건을 그린 애니메이션입니다. 유쾌한 분위기의 영화이다보니 케이티가 아버지와의 관계에서 느끼는 좌절감이 심각한 방식으로 드러나지는 않아요. 그러니 조금은 편안한 마음으로 케이티의 감정을 관찰하며 영화를 즐기면 좋겠습니다.

Music

「숨은그림찾기」 자우림

많은 이들에게 가족과 관련한 상처는 타인에게 드러내기 힘든 주제 중 하나입니다. 가까워지기 전까지는 대체로 밝히지 않거나, 별다른 문제가 없는 화목한 가족인 것처럼 표현할 때가 많죠. 그렇게 드러내지 못하고 간직한 숨은 기억에는 어떤 것들이 있을까요?

결혼 후 달라진 친구관계,
돌이킬 수 있을까요?

 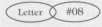
저는 결혼 3년 차인 30대 여성입니다. 동성 친구와의 관계가 고민되어 편지를 보내봅니다. 친구와는 대학생 때부터 친하게 지낸 사이인데요. 서로 집안 사정도 잘 알고 연애사도 모두 알고 있는 막역한 관계인데, 제 결혼을 기점으로 사이가 멀어지는 것 같아 고민입니다.

결혼을 준비할 때부터 이전과는 미묘하게 분위기가 달라졌다고 할까요? 그래도 친구가 제 결혼을 많이 축하해주고, 결혼식 날에도 성심껏 도와주었어요. 결혼 후 집들이에도 초대하고 평소처럼 일 이야기, 사는 이야기를 종종 나누곤 하는데, 유독 결혼 생활이 힘들다는 이야기는 친구와 나누기가 어렵습니다.

친구가 평소에 비혼주의에 가까운 생각을 가지고 있는 건 알았지만 왠지 제가 시가와의 갈등 같은 걸 토로하면 그럴 줄 알고 결혼한 거 아니냐, 누릴 거 누리면서 왜 불만이냐는 식으로 이야기해요. 정 힘들면 이혼을 하라는 말도 하고요. 전 그냥 예전처럼 힘든 일을 속 편히 털어놓고 싶을 뿐인데… 한두번은 그냥 넘어갔지만 점점 서운한 마음이 드는 건 어쩔 수 없더라고요. 물론 친구도 시집이나 결혼 이야기가 꼭 듣고 싶지는 않을 거란 건 이해해요. 하지만 저도 친구가 회사에서 겪은 힘든 이야기를 다 들어주는데, 저만 제 생활과 관련한 이야기를 일절 하지 않는 것도 답답하고… 이래서 결혼하면 인간관계가 정리된다고 하는 건지 싶습니다.

주변에 이런 고민을 말하면 원래 결혼하면 친구들이랑 멀어지는 게 당연하다고들 하는데, 정말 그런 걸까 싶다가도 친구와 멀어지고 싶지 않다는 마음이 강하게 들어요. 친구와 이런 이야기를 터놓고 해보는 게 좋을까요?

다영씨에게

친구와의 대화가 예전 같지 않아 다영씨가 많이 속상했을 것 같아요. 결혼 생활의 고충이 '누릴 걸 누리기 위해' 응당 치러야 하는 대가이기라도 한 것처럼 취급받는 느낌에 다영씨가 아팠을 것 같네요. 한편으로, 몹시 서운한데도 불구하고 멀어지는 일을 막고 싶을 만큼 친구가 다영씨에게 좋은 사람인 것 같다는 생각도 들어요. 해볼 수 있는 노력이 있다면 해보고 싶은 다영씨의 의지와 용기 역시 느껴집니다.

다영씨의 사연과 완전히 일치하는 건 아니지만, 비슷한 주제를 인터넷 커뮤니티에서 찾아보면 정말 많은 글이 나오는데요. 결혼하지 않은 사람과 결혼한 사람의 관점에서 각각 쓴 표현을 몇개만 언급해볼게요.

결혼하지 않은 사람

• 기혼 친구에게 나만 연락하는 것 같다.

• 애 자랑하다가 시가 흉보고, 남편 자랑하다가 결혼 생활 힘들다고 푸념한다.

• 말끝마다 '네가 결혼을 안 해봐서 그렇다, 결혼해보면 다르다'고 한다.

결혼한 사람

• 결혼 안 한 친구들의 연애나 직장 이야기에 끼는 게 힘들다.

• 시가 이야기만 꺼내면 지루해하면서 '그럼 한번 뒤집어엎든지… 그럴 용기는 없냐?'고 한다.

• 친구가 직접적으로 말하지만 않았지, 나를 거의 '가부장제 부역자'라 취급하는 것 같다.

혹시라도 자신의 상황과 인터넷 사연들을 다 같은 고민으로 묶어버린 느낌을 받았다면 미안합니다. 다영씨의 불쾌함을 각오하면서도 제가 앞선 글을 가져온 이유는,

지금 겪는 일이 친구 사이에서 정말 많이 일어나면서도 풀어나가기는 아주 까다로운 주제라는 점을 전달하고 싶어서입니다. '이게 원래 어려운 문제이긴 하구나' '생각보다 많은 사람이 이 주제로 고민하는구나'라고 느끼면, 이 일을 결코 있어서는 안 되는 문제로 여긴다거나 친구 사이를 무조건 결혼 전의 관계 그대로 복구해야 한다는 부담을 갖는 일을 줄일 수 있습니다.

친구의 마음을
하나의 현상으로 이해해봅시다

　본격적으로 들어가기 전에 하나만 확인할게요. 친구와의 과거를 가만히 떠올려보았을 때, 사실은 그 친구가 다영씨에게 무관심하거나 공감하지 못하는 편은 아니었는지를 한번 짚고 넘어갔으면 해요. 상대가 그저 자신의 고민과 유사해서 치는 맞장구를 공감이라고 느끼게 되는 경우가 있거든요. 다영씨의 묘사로 보아 그럴 가능성이 적긴 하지만 혹시라도 친구가 그런 사람인 것 같다면, 결혼이라는 주제가 문제인 게 아니라 그 친구가 원래 다른 입장에는 공감을 보이지 못하는 사람인 겁니다. 이런 경우에는 다영씨가 불필요한 에너지를 많이 들이기보다는 이 관계를 앞으로 어느 정도 깊이까지 가져갈지를 고민하기를 권합니다.

그러나 그게 아니라면, 즉 그간 서로 고민도 주거니 받거니 하며 상호적인 공감이 잘 이루어지던 관계라면, 아마도 친구는 결혼이라는 주제와 관련하여 버거운 감정을 감당하고 있는 상태이지 않을까 추측해봅니다. 그리고 그 복잡한 감정들로 인해 일종의 심리적인 '갑옷'을 입고 있는지도 모릅니다. 자신이 입을 상처로부터 스스로를 방어하기 위한 말과 태도로 무장하고 있는 거죠. 상처받을 가능성이 감지될 때 우리는 '방어'를 하게 되거든요. 그리고 그 방어가 상대에게는 '공격'으로 느껴지면서 상대 역시 갑옷을 입게 되는 순환고리로 이어지기가 쉽습니다.

다영씨가 꼭 직접 상처를 주었다는 게 아니라, 친구가 현재 자신의 비결혼*과 관련하여 사회나 주변으로부터 여러 형태의 상처를 받아왔을지도 모른다는 뜻이에요. 친구의 비결혼이 스스로를 위한 적극적인 선택이라고 하더라도요. 추가로 (결혼이 사적인 선택이기는 하지만) 어쩌면

● 이 책에서는 결혼을 원하지 않는 경우, 결혼을 원하지만 아직 하지 않은 경우, 마음의 결정을 내리지 못한 모든 경우를 통틀어 '비결혼'이라고 칭하겠습니다.

결혼 자체에 대해 정치적인 측면에서 부정적인 감정을 품고 있을지도 모릅니다. 다영씨가 이렇게 반문할 수도 있어요. "그렇다고 해서 저를 공격하는 건 옳지 않잖아요?" 저는 친구의 행위를 정당화하려는 것이 아니며, 친구가 힘들 수 있으니 다영씨가 맞춰주고 받아주어야 한다고 말하는 것도 아닙니다. 다만 우리 모두는 옳다고 여겨지는 원칙대로만 행동하는 존재가 결코 아니거든요. 친구의 마음을 하나의 '현상'으로 이해해보는 것이 관계를 풀어나가는 데 도움이 될 거라는 뜻입니다.

관계를 단단히 만들기 위한
공감대를 찾아봅시다

제가 이런 생각을 하게 된 이유는 특히 '누릴 거 다 누린다'는 표현 때문이에요. 그 친구는 다영씨가 '누리고 있는 것'을 자신은 '누리지 못하고 있다' 혹은 '누리기를 거부했다'고 생각하는 듯해요. 자신이 비결혼에서 얻지 못하는 것을 다영씨는 얻고 있다고 느끼는 거죠. 그러다보니 다영씨의 이야기를 받아줄 여유가 부족할 수 있어요. 만약 친구가 결혼이라는 이슈에 충분히 안정적인 마음을 가진 상태라면, 이혼하라는 말을 똑같이 하더라도 안쓰러움과 연민을 가진 톤으로 말했으리라 생각합니다. 물론 다영씨 역시 쉽지 않은 현실을 살아가고 있을 겁니다. 그러나 친구에게 결혼이라는 주제는 과거의 다른 주제들처럼 편안히 품는 게 가능하지 않을 수 있음을, 우정을 위해 먼저 노력할 의사가 있는 다영씨에게 말씀드리는 것입니다.

그러면 이제 어떻게 해보는 것이 좋을까요? 일단은 결혼 생활의 고충을 반드시 이 친구와 이야기해야 한다고, 그러지 못하면 나의 감정은 해소되지 않는다고 생각하지는 말았으면 해요. 또한 이 이야기를 친구가 잘 들어주느냐를 우정의 결정적인 증거로 여기지도 않았으면 해요. 앞서 말씀드렸듯, 친구가 원래 꽤 좋은 사람이었어도 이 영역과 관련해서는 심리적인 부담감이 클 수 있기 때문이에요. 친구의 공감보다 힘이 되는 건 없을지 모르지만, 가능하면 당분간은 결혼 생활 이야기에 대한 반응이 다영씨에게 상처로 돌아오지 않을 만한 사람들과 더 많은 대화를 나누었으면 합니다.

그리고 친구에게 안부를 전할 때는 의식적으로라도 결혼 생활 이외의 다른 안부도 전하고, 결혼 생활을 이야기할 때도 중립적인 일상, 긍정적인 측면, 부정적인 측면 역시 함께 전했으면 합니다. 이미 그렇게 해오고 있었다면 잘하고 계신 겁니다. 결혼 생활의 힘듦이 다영씨에게는 현재의 'no.1'이더라도, 친구와 다영씨 둘에게는 'one of them'이 되는 쪽이 지금으로서는 더 낫습니다.

또한 앞으로 점차 더 넓은 공감대를 형성해나갔으면 합니다. 가장 쉬운 공감대는 두 사람이 쌓아올린 추억을 통해 형성할 수 있습니다. 지금은 서로의 공통점보다는 간극만을 주로 바라보고 있을 가능성이 높은데요. 과거의 추억을 종종 떠올리거나 함께했던 사진을 가끔씩 주고받으면서, 간극보다 공감대에 더 집중할 수 있는 기회를 만들어보았으면 해요. 서로에게 깊은 유대가 있었음을 다시 확인할 수 있을 거예요. 친구가 (그리고 어쩌면 다영씨 역시) 자신도 모르게 입고 있었을 갑옷을 내려놓는 일에 큰 도움이 될 수 있습니다. 때로 너무 '추억팔이'만 한다는 느낌이 들지도 모르지만, 그래도 이런 시도가 분위기를 어느 정도 유연하게 만들어줄 수 있습니다.

또 하나의 공감대는, 지금 각자가 서로 다른 방식의 답답함과 억압을 헤쳐나가면서 살아가고 있다는 감정입니다. 물론 이 공감대를 서로 오해 없이 나누기까지는 시간이 걸릴 수 있습니다. 겉으로는 상반된 고통처럼 보이고 어떤 이는 고통의 우열을 나누고 싶어하기도 하겠지만, 큰 틀에서 보았을 때 여성으로서 각자가 겪는 고통이 있을 것입니다. 그건 안타까운 일이잖아요. 현재의 개인적, 사회적 상황에서 각자가 자신을 위하는 길을 선택했고, 고민해나가고 있고, 나름의 전투를 치르고 있다는 사실에 서로가 공감하게 된다면 관계는 단단해질 것입니다. 특별한 방식을 시도한다기보다 그저 이 마음가짐을 다영씨 안에 가지고 있다보면 공감대를 나눌 기회가 반드시 생길 것입니다. 친구는 친구대로 다영씨는 다영씨대로 여성에게 녹록지 않은 현실을 살아가면서 무언가를 감당하고 있음을 확인하는 계기가 많아지기를 바랍니다.

나 자신, 그리고 관계를 위한
후회 없는 시도를 해봅시다

추가로 다영씨가 먼저 갑옷을 벗는 용기를 내보았으면 합니다. 친구가 그간의 반응처럼 "모르고 결혼했냐" "누릴 거 다 누린다"라고 말하면 그 말의 속뜻을 자꾸 추측하면서 기분이 상하기도 하고, 자동으로 반박하고 싶은 마음도 당연히 들 텐데요. 이럴 때 반박보다는 그냥 그 말의 겉뜻, 즉 그냥 문자 그대로에 대한 답만 했으면 해요. 이를테면 "응, 알고 했는데도 막상 직접 경험하니 괴롭네 그려" "이런 일까지 겪으리라고는 생각을 못했던 것 같아" "그러게, 누리고 있는 장점도 있지" 같은 답변이 있을 수 있어요. 다영씨가 자신을 무조건 방어하는 느낌이 훨씬 덜하기 때문에 친구가 다시 자신을 서둘러 방어하는 일을 줄일 수 있습니다.

다영씨가 물어본 것처럼 현재 둘의 관계와 관련한 주제를 직접적으로 테이블 위에 올려놓는 방법도 시도해볼 수는 있어요. 그러나 직접적인 대화가 언제나 좋은 결과로 이어지는 건 아니라는 점은 기억하면 좋겠습니다. 친구가 작정하고 하는 날카로운 말, 또는 자신은 관계에서 아무런 문제도 느끼지 못한다는 말에 당황할 수도 있습니다.

어떤 말을 들어도 그 자리에서 바로 반격하지 않을 수 있겠다는 각오가 된 상태에서 이야기를 꺼내볼 수는 있겠습니다. 사실 이 방법은 '하이 리스크 하이 리턴'이긴 합니다. 친구가 자신의 여러 감정을 갑옷 없이 표현하며 서로의 진심을 나누게 된다면 너무나 좋겠지만, 꼭 그렇게 흘러가지는 않을 수도 있거든요. 비난하거나 지적한다는 느낌이 들지 않도록 주의하면서, 상대를 단정하지 않도록 노력해야 합니다. 다영씨 자신을 주어로 놓고, 다영씨 자신의 느낌만을 말하면서 이야기를 시작해볼 수 있습니다. 예를 들면 "네가 나의 힘든 이야기를 들어주길 바라는 마음이 나에게 있는 것 같다. 다른 대화를 할 때는 네가 잘 들어주어 늘 고마운데, 결혼 생활을 이야기할 때만큼은 우리 사이에 벽이 있다는 느낌을 받는다. 너의 어떤 생각이든 감정이든 들어보고 싶다"라고 시작해볼 수 있겠죠. 친구의 발언을 그 자리에서 다 해명해야 한다는 마음보다는 일단 차분히 들어보자는 마음으로 대화해보길 바랄게요.

마지막으로 제일 중요한 당부를 하나 더 드리면서 글을 마칠까 합니다. 다영씨의 노력이 친구를 위한 '희생'이 아닌 나 자신과 관계를 위한 '후회 없는 시도'라는 마음가짐을 꼭 가졌으면 합니다. 그리고 그 마음가짐으로 감당 가능한 범위 내에서만 노력하기를 바랍니다. 그것이 스스로를 필요 이상으로 소모하게 될 가능성과, 무의식적인 보상심리로 인해 관계가 파괴될 위험을 줄이는 길입니다. 언제나 자기 자신을 최우선으로 두는, 그리고 스스로를 아끼면서 하는 시도이기를 바랍니다.

언
니
의
추
천

Book

『옥상에서 만나요』 정세랑 지음, 창비 2018

이 책은 단편소설 여러편을 묶은 소설집이에요. 「웨딩드레스 44」라는 단편 때문에 추천해드리는 것이기는 하지만, 다른 소설 역시 공감과 힘이 되어줄 거라고 생각합니다. 「웨딩드레스 44」는 하나의 웨딩드레스를 거쳐 간 44명의 신부에 대한 이야기인데요. 여러분의 이야기는 44명의 신부 중 누구와 제일 많이 포개질지 궁금합니다.

Movie

「고양이를 부탁해」 정재은 감독, 2001

같은 위치에 서 있던 시절에 만나 많은 것을 공유하다가 어느 시점부터 각자의 길을 가게 되는 다섯명의 친구들. 그 과정에서 상처와 오해가 발생하지만, 그래도 오랫동안 진하게 공유했던 기억들이 있기에 계속해서 어떤 방식으로든 서로를 곁에 두고 싶어하는 거겠죠. 각자의 여러 추억과 우정을 떠올려볼 수 있기를 바랍니다.

Music

「유자차」 브로콜리너마저

친구와의 좋았던 과거, 달라진 현재, 그리고 앞으로 나아갈 미래는 어떤 모습일까요? "좋았던 날들의 기억을" 친구와 함께 꺼내보면서 여전히 우리는 함께임을 확인할 수 있으면 좋겠습니다. 따로 또 같이 "봄날으로" 갔으면 해요.

사람들과 솔직하게
감정을 나누기 어려워요

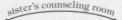

언니의 상담실

저는 좋아하는 사람들과 직접적이고 반듯하고 쉬운 감정 교류를 하기 어렵습니다. 그런 분명한 감정은 진실하지 않은 것처럼 느껴지는 게 문제예요. 오히려 애증 같은 이중적인 감정을 훨씬 신뢰하게 돼요. 그래서 속으로는 그렇지 않은데도 겉으로는 쌀쌀맞게 행동할 때가 있고, 저 역시 그런 표현 방식에 잘 넘어갑니다. 학생 때는 친구들과 욕을 써가며 대화해야 진짜 친구라고 생각하기도 했어요. 애인과는 싸우다가 눈물 흘리며 화해하는 과정에서 강력한 감정(좋은지 나쁜지도 모르겠는)을 느끼고 자꾸 그런 일을 만들어서 위험하다고 생각한 적도 있어요.

그리고 거의 모든 대화에서 말장난을 하곤 해요. 친구

들은 제가 재미있다고 하고 사회적으로도 유머의 덕을 많이 보는 편이지만 이런 게 제가 항상 원하는 저의 모습은 아니기도 합니다. 심리검사에서는 방어기제 중 유머와 회피 점수가 제일 높게 나온 적이 있어요.

사람을 좋아하지만 오래 같이 있는 것은 견디기 어렵습니다. 사회적으로는 잘 기능한다고 생각해요. 적은 수지만 진심으로 좋아하고 존중할 만한 친구들을 곁에 두고 있고요. 다만 물리적으로 멀어지면 아예 연락이 끊겨요. 그때그때 가까이 있는 사람들 중에서 친구를 만들었다가 멀어지면 그냥 없던 사람이 됩니다.

정신건강의학과 진료, 심리상담, 「금쪽같은 내 새끼」 같은 TV 프로그램 등을 통해 제가 파악한 바로는 엄마와의 관계에서부터 문제가 시작된 것 같아요. 제가 가장 중요하다고 생각하는 관계 역시 단연 엄마와의 관계이고요. 엄마는 통제가 심한 분이에요. 본인이 원하는 것을 저에게 투영하고 그것에 제가 조금이라도 어긋나면 무척 걱정하고 속상해했어요. 엄마의 말버릇은 "내가 너를 어떻게 키웠는데"예요. 요즘은 제가 결혼만 하면 본인의 일이 다 끝날 것처럼 말씀하시지만 입시, 취업 때도 늘 그랬어요. 이것만 끝나면 마음대로 살라고 하시지만 언제나 그다음 일이 생기죠(물론 저는 항상 마음대로 살고는 있습니다).

엄마는 감정적인 교류에 능한 사람이 아니에요. 그런 식의 사랑을 학습하기 어려운 시대였다는 점도 고려해야 할 것 같아요. 저는 엄마와 감정을 교류하기보다는 저의 성취(성적 등)에 엄마가 기뻐하는 반응을 보는 것으로 상호작용을 했습니다. 엄마에게 상처도 많이 받았지만 그래도 엄마가 저를 사랑하지 않는다는 생각은 해본 적도 없어요. 지금은 엄마가 현재의 저보다 훨씬 어린 나이에 낳은 아이를 키우는 게 쉽지 않았을 것을 완벽하게 이해하고 있어요. 제게 문제가 있다 해도 그 양상을 이해하고 어떻게 살아갈 것인지가 중요하지, 어떤 사람이나 환경을 탓하는 것은 옳지 않다고 믿어요.

하지만 제가 왜 이런지 궁금하기는 합니다. 사람들은 저를 자신감 넘치고 여유 있는 사람으로 봅니다. 그렇게 봐줄 때 기쁘고 성공한 것처럼 느껴지고요. 그렇지만 저는 제가 그렇지 않다는 걸 알고 있어요. 완전히 가면을 썼다고

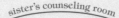

생각하지는 않지만 무언가가 드러날까봐 두려워요. 제가
두려운 것은… 무엇일까요? 저는 저를 좋아하지만 가끔 이
렇게 꼬여 있는 저를 정말 견딜 수가 없어요.

원희씨에게

누구나 자신에 대한 고민을 가지고 살아가지만 그것을 다루는 방식은 저마다 다른데요. 원희씨는 자신의 어려움을 최대한 객관적인 시선으로 바라보려 부단히 노력해온 것 같아요. 예를 들면 '직접적이고 반듯하고 쉬운 감정은 진실하지 않은 것'이라고 정당화하지 않고 그렇게 느끼는 자신의 경향에 문제가 있을 수 있음을 (스스로를 너무 비난하지 않는 선에서) 인정하고 있어요.

또한 자신의 현재에 원가족이 핵심적인 영향을 미쳤을 가능성을 발견하고 그 영향이 구체적으로 무엇인지를 짚어내고 있다는 점에서, 그간 원희씨가 전문적인 도움을 포함한 자기탐색 작업을 주의 깊게 해왔다는 느낌을 받았습니다. 과거 중요한 인물과의 관계에서 좌절되었던 욕구가 현재의 관계에서 어떤 방식으로 재현되고 있는지를 살피는 일은 괴로움을 해결해나가는 결정적인 열쇠라고 할 수 있습니다.

그러나 이 과정이 수월하지만은 않았을 거라 생각해요. 자신의 현재 문제에 원가족이 기여했을 가능성을 인정하는 데는 생각보다 큰 내적 저항이 따르기 때문입니다. 양육자에게 누명(?)을 씌우는 것만 같은, 또는 양육자의 헌신을 통째로 부정하는 사람이 된 것만 같은 죄책감이라든가, 양육자와의 과거 경험에 현재까지 영향받고 있다는 사실이 굴욕적으로 느껴져 부정하고 싶은 마음 등⋯ (물론 정말로 죄를 지은 것도 굴욕적인 것도 아니지만요.) 그런 가운데 원희씨가 양육자의 영향을 인정하는 동시에 앞으로 어떻게 살아갈지는 자신에게 달려 있다고 여기기까지는 정말 쉽지 않았으리라 생각합니다.

원희씨의 자기탐색 작업을 계속해서 제일 잘 도울 수 있는 사람은 물론 현재 만나는, 혹은 만났던 전문가일 것입니다. 그리고 저는 그 작업에 조금 보탬이 될 만한 몇가지 말씀을 드리려고 해요.

누군가와 친밀해지는 일에 대하여

현재 관계에 대한 고민을 풀어가기 전에, 먼저 친밀함intimacy이라는 것에 대해 좀 이야기해보고 싶어요. 누군가와 친밀해지는 일, 즉 서로의 중요한 생각과 감정을 교환하는 일은 쉬워 보이면서도 어렵습니다. 그건 우리 모두에게는 친밀해지고 싶은 욕구만큼이나 '친밀해지는 것에 대한 두려움'이 존재하기 때문입니다.

이는 특정한 사회적 상황에서 당혹감이나 불안, 공포를 느끼는 사회공포증(예컨대 무작위적인 사람들과 대화하거나 불특정 다수 앞에서 발표하는 일을 불안해하는 것)과는 다른 종류의 현상입니다. 누군가와 가까워질 가능성이 생기거나, 가까워지기 시작하거나, 가까워졌을 때 발생할 수 있는, 즉 자신과 감정적으로 어느 정도 연루된 사람과 관련한 감정인 것이지요.

그렇다면 친밀함에 대한 두려움은 왜 느끼는 것일까요? 일단 타인과의 친밀함은 아이러니하게도 그 사람을 상실할 수도 있는 잠재적인 가능성을 의미합니다. 이는 누군가와 친밀해지지 않는다면 거절당하는 데서 오는 수치심, 버림받은 것만 같은 느낌, 의존 대상이 사라졌을 때의 공포 같은 감정을 느끼지 않아도 된다는 뜻이기도 합니다. 이것이 누군가와 친밀해지는 일을 어렵게 하는 중요한 이유입니다.

그런데 타인을 상실하는 일에 대한 두려움만큼이나 강력하게 작용하는 것은 자신을 상실하는 일에 대한 두려움입니다. 친밀함을 이루기 위해서는 자신의 자아정체감을 잃지 않으면서도 타인과 연결될 수 있어야 하는데, 만일 누군가와 가까워지는 일이 자신의 자율성을 빼앗기거나, 통제되거나, 심리적으로 먹히는 것을 강하게 연상시킨다면 자신을 잃는다는 두려움이 커져 친밀해지기가 어려운 것이지요.

물론 우리 모두 어느 정도 이런 마음을 가지고 있습니다. 그래서 누군가와 함께하고 싶으면서도 막상 가까워지게 되면 무언가 두려움이 들 때도 있는 것입니다. 이 양가성의 존재 자체는 자연스러운 일이에요. 다만 양가성이 관계를 실제로 얼마나 방해하는지, 또는 이로 인한 내적인 갈등이 개인을 얼마나 고통스럽게 하는지에 따라 이것이 각자의 삶에서 주요 주제로 등극하게 되느냐 아니냐가 정해지는 것입니다. 따라서 욕구와 두려움이라는 두가지 면을 통합하고 그 양가성을 잘 견디는 것이 친밀함의 관건이라고 할 수 있겠습니다. 그런 면에서 저는 원희씨가 친밀함이라는 키워드로 자신을 들여다보면 도움이 되리라 생각합니다.

당신이 생각하는
친밀함의 조건은 무엇인가요?

먼저, 원희씨가 생각하는 친밀함의 조건이 무엇일지 이야기해볼게요. 속마음과는 달리 쌀쌀맞은 척하는 감정 표현 방식, 애증 같은 이중적인 감정, 격렬히 싸우고 화해하는 패턴 같은 것들에 끌린다는 표현으로 미루어 볼 때 원희씨에게 있어 친밀함은 '쉽게 얻어질 수 없는 것, 혹은 쉽게 얻어져서는 안 되는 것, 그리고 숨어 있(어야 하)는 것'이라는 짐작을 하게 됩니다. 이 전제 안에서는 거칠고 따가운 포장지 없이 그냥 드러나 있는 사랑은 제대로 된 친밀함이기가 어려운 것이죠.

즉 눈앞에 보이는 포장지 너머에 사랑이 감춰져 있을 것이라는 기대가 불러일으켜져야 합니다. 그 포장지를 어렵게 뜯고 애정을 획득했을 때 쾌감과 진실성이 느껴지는 것이고요. 원희씨가 이를 의식적으로 생각하고 실천한다는 의미라기보다는 나도 모르게 자리하고 있을 전제를 말하는 것입니다. 이러한 전제는 중요한 타인의 감정 표현을 힘겹게 해석해야 비로소 그 진심에 닿을 수 있었던 경험이 누적될 때 견고해지기 쉽습니다.

또한 관계와 관련한 원희씨의 고민에는 친밀함에 대한 갈망과 두려움이라는 강한 양가적인 감정이 기여하고 있어 보입니다. 타인과 가까워지고 싶은 욕구만큼이나 타인을 잃는 일, 그리고 순응이나 통제 등 자신의 주체성을 상실하는 일에 대한 두려움이 자리하고 있다는 생각이 들어요. 그것이 원희씨로 하여금 유머라는 보호막을 탑재하게 만드는 것 같고요.

원희씨에게 유머란, 친밀함에 대한 욕구를 실현해주는 동시에 두려움으로부터 자신을 보호해주는 도구인 것 같아요. 유머는 분위기를 풀어주고 타인을 기쁘게 함으로써 상대와 가까워질 수 있게 해줍니다. 그러나 때로는 자신의 고유하고 진지한 생각과 감정을 노출하지 않고 타인과 거리를 둘 수 있게 만들어주는 전략이 되기도 합니다.

물론 유머가 문제라는 것은 전혀 아닙니다. 오히려 유머러스함은 인간의 괴로움을 완화하고 삶을 풍요롭게 만드는 매우 귀중한 능력입니다. 서로를 웃기는 일이 없다면 삶은 정말이지 너무 팍팍할 거예요. 그러나 어떤 방어 기제든 자신이 잘 조절하기 어려울 정도로 사용하게 되거나, 그것을 사용하는 스스로에게 편안함을 느끼지 못한다면 그 방어기제의 배경이 무엇인지를 살펴볼 필요가 있습니다.

여기까지 읽는 동안 원희씨 안에서 어떤 생각들이 들었을지 궁금합니다. 제가 말씀드린 것들을 하나의 참고로 하여 원희씨가 믿는 친밀함의 조건은 무엇인지, 그리고 친밀함과 관련한 스스로의 양가적인 감정은 무엇인지 등 자신만의 생각을 꼭 전개해보면 좋겠습니다.

관계 속 자신의 감정을
천천히 살펴주세요

그밖에 원희씨에게 도움이 될 만한 제안을 몇가지 드릴게요. 먼저, 자신의 삶에서 가장 중요하다고 말한 존재인 어머니와의 경험을 계속해서 잘 들여다보기를 바랍니다. 어머니는 원희씨의 가장 강력하고 오래된 애증의 대상인 것 같아요. 또한 원희씨가 말했듯 어머니의 사랑과 헌신은 개인적이고 사소한 부분까지 관여하는 통제의 형태로 많이 드러났던 것 같고요. 그러다보니 원희씨는 반대의 순서로, 즉 통제에 대한 분노에서 시작해 사랑이라는 결론으로 도달하는 내적인 과정을 많이 경험했을 것입니다. 그밖에 어머니와의 다양한 경험들 속 자신의 감정이 현재의 삶과 어떻게 연결되고 있는지를 지속적으로 살폈으면 합니다.

여기서 중요한 것은 이미 이해나 감정 정리가 완료되었다고 생각하는 경험에 대해서도 되짚는 과정이 필요하다는 점입니다. 예를 들어, 원희씨가 보낸 편지에서 항상 마음대로 살고 있다고 다소 쿨하게(?) 표현한 부분에서 저는 안도감과 궁금함이 동시에 들었습니다. 주체성을 지키려는 태도에 대한 안심과 더불어, 어머니가 속상해하는 모습을 보는 원희씨에게 어떤 감정이 있어왔을지 궁금했어요.

왜냐하면 보통 이렇게 자신의 주체성을 사수하는 과정에는 그 방향에 대한 확신과는 별개로 어머니를 향한 분노, (그에 따라오는) 자신이 나쁜 사람인 것만 같은 느낌, 그리고 자신이 사랑을 잘 받아들이지 못하는 부적절한 사람인지 의심하는 마음 등 다양한 감정이 개인을 무척 고통스럽게 하기 때문입니다.

따라서 어머니와의 관계 속 자신의 감정을 살피는 작업에서 혹시라도 누락된 부분은 없는지 꼭 헤아리기를 권합니다. 자신을 낳고 키웠을 당시 어머니의 나이 및 시대적인 상황 등을 고려하며 객관적으로 바라보게 된 현재의 결론을 내리기까지의 과정을 하나하나 잘 밟아나가면서 감정을 되짚어보면 좋겠습니다.

또한 꼬여 있는 자신을 견딜 수 없는 그 느낌에 대해서는, 그 '꼬임'은 원희씨 스스로를 보호하고 생존하기 위해 절박하게 붙들어야 했던 밧줄이었다는 사실을 자신에게 최대한 따뜻한 어조로 말해주었으면 합니다. 그러면서 '내 자아를 지키기 위해 과거에는 반드시 필요했던 방식일지 모르지만, 이제는 꼭 그 방식이어야만 하는 건 아니야'라고 아주 천천히 자신을 설득해주기를 바랍니다.

스스로를 더 자신 있게 설득할 수 있기 위해, 쉬운 일은 아니지만 한번 '그냥 있어보는' 경험을 종종 해보면 좋겠습니다. 관계 맺는 방식을 갑자기 확 바꾸라는 뜻은 아닙니다. 게다가 원희씨의 방식에는 장점도 많기 때문에 다 바꾸어야 할 필요가 있는 것도 아니고요. 단지 어떤 때는 무리한 유머를 굳이 하지 않아보는 일, 그리고 진실하지 않다는 느낌이 좀 들어도 바로 관계를 종결하지 않고 일단 두고 보는 일을 무리하지 않는 선에서 가끔씩 해보았으면 합니다. 그러다보면 예를 들어 그 사람이 정말로 나랑 안 맞는 사람인지, 아니면 내가 순수한 감정 교류에 익숙하지 않아서 그렇게 느꼈던 것인지가 좀더 명확해지는 순간이 올 것입니다. 그리고 이렇게 해봐도 생각했던 것만큼 괴롭지 않다는 경험 역시 할 수 있게 될 거예요.

원희씨가 두려워하는 건 무엇일까요? 그것이 무엇인지 제가 지금 한줄로 정답을 알려드리기는 어려울 것 같아요. 이에 대한 답은 시간을 가지며, 그리고 전문적인 도움을 이어나가면서 조금씩 발견해나갈 수 있기를 바랍니다. 그러나 한가지만큼은 분명하게 말씀드릴 수 있습니다. 그것을 알아낼 미래와 아직 알아내지 못한 지금의 원희씨는 똑같이 안전하고 귀하다는 사실 말입니다. 원희씨가 점차 자신의 과거와 현재를 잘 통합해나갈 수 있기를 기원합니다.

『피프티 피플』 정세랑 지음, 창비 2021

각자 따로 살아가는 듯하지만 알고 보면 연결되어 있는 51명의 이야기를 담은 소설입니다. 비슷해 보이지만 다른 색깔을 가지고 있고, 달라 보이지만 사실 같은 마음이기도 한 이들이 관계 안에서는 각자 어떤 방식으로 움직이고 있을까요?

「우리들」 윤가은 감독, 2015

초등학생인 선과 지아의 아름답고도 험난한 우정을 그린 영화입니다. 관계라는 것은 참으로 어렵습니다. 본심과 다른 표현이 나갈 때도 많고, 그저 상처받을까 두려웠을 뿐인데 그것이 상대에게 상처가 될 때도 있습니다. 아이들의 치열한 마음을 함께 따라가보았으면 합니다.

「연극이 끝난 후」 샤프

관계 안에서의 우리는 무대에서 이런 역할, 저런 역할을 수행하는 사람이라고 볼 수도 있을 것 같아요. 연극이 끝난 후의 정적과 낯선 느낌은 어느 정도 필연적인 것인지도 모르지만, 무대에서의 자신을 지금보다 더 편안하게 느끼고, 무대 뒤의 자신을 지금보다 더 잘 알아갈 수 있게 된다면 좋겠습니다.

제 주변의 잘난 사람들이
너무 부러워요

제 하루는 SNS로 시작해서 SNS로 끝나요. 아침에 일어나자마자 다른 사람들이 올린 사진과 글을 살펴보고, 잠들기 직전까지 휴대폰을 손에서 놓지 못합니다. SNS 속 지인들을 구경하며 부러워하고, 저와 비교하면서 끊임없이 스스로를 못마땅해해요. 이런 제 모습이 못나고 별로라고 생각하지만 이 굴레에서 벗어나기가 쉽지 않습니다. SNS를 보면 볼수록 스트레스를 받는다는 걸 알면서도, 이제 그만 좀 봐야지 하면서도 완전히 습관으로 박혔는지 그냥 늘 저절로 손이 가요.

　SNS에서든 현실에서든 저는 주변 사람들 한명 한명의 경제력, 직장, 학력, 인맥, 연애, 외모… 분야(?)를 가리지 않고 관찰합니다. 그리고 저보다 낫다고 느껴지는 점이 하나라도 눈에 띄면 그 이후부터는 마음이 확 불안해지면서 비교하고 질투하게 돼요. 이런 자괴감을 티 내지 않으려고 제 SNS에 대충 작성한 척, 하지만 사실은 굉장히 공들인 게시물을 올리곤 합니다. 사람들은 제가 사는 모습이 쿨하고 멋지다고 말해줄 때가 많지만, 사실 그럴수록 더 공허해지기만 해요.

생각해보면 저는 저의 기준이라는 게 없는 것 같아요. 수많은 타인들이 늘 그때그때의 기준점이 되어버린다고나 할까요? 누군가 '이럴 때는 당연히 이런 선택을 해야지'라고 단호하게 말하면 저는 '헉, 그런가? 나 완전 잘못 생각하고 있었나? 나는 왜 저런 사실을 깨닫지 못하고 있었지?'라고 생각하면서 스스로를 한심하게 느끼기 시작해요. 겉으로는 티 내지 않지만요.

그리고 남들이 부러워할 만한 직장에 다니는 친구를 만나면 그렇게까지 싫지는 않던 제 직장이 갑자기 너무 초라하게 느껴지고, 결혼사진을 보여주는 친구와 이야기하다 보면 (정작 저는 아직 결혼할 마음도 없으면서) 괜히 스스로 무언가 부족하다는 느낌이 들면서 불안해져요. 그러면서 내가 지금 제대로 살고 있는 게 맞는지, 내가 무언가 더 노력해야 하는데 놓치는 게 있지는 않은지 고민에 사로잡혀요.

다른 사람들과 비교하는 일이 저 자신을 더욱 괴롭게 만든다는 걸 알고 있고 이런 제 모습도 마음에 들지 않지만 멈추기가 어려워요. 혹시 불안과 열등감으로 가득한 제 마음을 다른 사람들이 알아차리는 건 아닐까 불안할 때도 있고요. 저는 어떻게 하면 좋을까요?

효진씨에게

효진씨가 타인과 자신을 비교하며 스스로를 못마땅해하고, 자신이 비교하고 있다는 사실 자체로 다시 자괴감을 느끼는 액자식의 자책을 하며 얼마나 괴로웠을지 생각했습니다. 제가 답장을 쓰는 오늘만큼은 스스로를 너무 모질게 대하지 않았기를 바라면서 효진씨에게 드릴 말을 골라봅니다.

본격적으로 이야기를 시작하기 전에 하나 당부하고 싶은 것이 있어요. 자책은 효진씨가 자신을 사랑하기 때문에 드는 마음이라는 사실을 잊지 않았으면 해요. 효진씨가 자신의 부족한 점을 일일이 찾아내어 자책하는 건 나에게 떼려야 뗄 수 없는 제일 중요한 사람이 나이기 때문입니다. 그런데 살다보면 어느 순간 이걸 잊고 내가 나를 진짜로 미워한다고 여기고 있을 수 있어요. 그래서 이렇게 당부를 하는 겁니다. 타인과 비교가 될 때마다 마음의 밑바닥에서부터 훅 올라오는 그 불안은 자신에 대한 애정에서 기원한 것임을, 앞으로 드릴 다른 이야기는 다 잊더라도 이것만큼은 꼭 기억해주었으면 합니다.

살면서 누군가를 부러워하거나 시기*하는 경험을 한 번도 안 해본 사람은 없을 겁니다. 부러움과 시기, 불안의 감정은 고통스럽지만 삶의 자연스러운 일부이며 자기 발전의 동기로도 작용합니다. 따라서 이런 감정의 존재 자체가 무조건 문제인 건 당연히 아니에요. 그러나 이것이 개인의 삶을 전반적으로 지배하고 행복감을 지속해서 떨어뜨릴 때는 반드시 살펴봐야 합니다. 물론 오늘날의 사회가 경쟁을 독려하고 '자기계발'이라는 이름으로 스스로를 계속 다잡게 하면서 이런 감정을 불필요하게 부추기는 것도 사실입니다. 개인을 상품화하고, 재산, 직업, 외모 등

● 정신의학에서 시기(envy)는 내가 원하는 것을 다른 이가 가지고 있다는 걸 인식하며 느끼는 불쾌하고 고통스러운 감정을, 질투(jealousy)는 내가 가진 것을 잃을까봐 두려워할 때 (특히 3자 관계에서 가까운 사람을 제삼자에게 빼앗길지 모른다고 느낄 때) 발생하는 감정을 의미합니다. 따라서 이 책에서는 흔히 쓰이는 질투라는 표현 대신 '시기'라는 단어를 썼습니다. '부러움'은 '시기'보다 부정적 감정이 훨씬 덜한 경우를 표현할 때 사용했습니다.

으로 순위를 매기는 분위기가 만연해 있기도 하고요. 하지만 그렇기 때문에 더더욱, 현재를 살아가는 우리는 이 불편한 감정들을 마주하면서 잘 다루어야 할 필요가 있습니다.

내가 바라는 나를 상실하고
돌아와 마주하는 원래의 나

효진씨의 고통이 느껴지는 한편으로, 이 고통이 '반드시 질 수밖에 없는 룰'의 결과인 것 같다는 느낌을 받았습니다. 이 점을 효진씨도 알고 있는 것 같기는 해요. 주변 사람들 한명 한명과 일일이 비교하며 괴로워한다고 했잖아요. 효진씨는 '모든 사람'보다 '모든 면'에서 낮지 않으면 반드시 괴로울 수밖에 없는 룰 안에서 싸워나가야 하는 상황인 거죠.

이렇게 계속해서 패배(?)하는 바로 그 순간의 효진씨에게서는 큰 '상실감'이 배어나오는 것만 같아요. 그리고 이때 상실하는 것은 바로 '나'입니다. 감상적인 표현을 하려는 게 아니에요. 자신의 열등한 부분을 감지하는 순간마다 '내가 바라는 나'(이것을 자아 이상$^{ego\text{-}ideal}$이라고 합니다)를 잃는 일을 반복해서 겪고 있다는 뜻입니다. 여기서 효진씨가 바라는 '나'는 열등하지 않은 건 물론이고, 안정적이면서, 파괴적이지도 않고 증오심도 가지지 않는 사람이에요. 그리고 거기에 미치지 못했다는 걸 확인한 순간 큰 상실감을 느끼는 거고요.

물론 누구나 자신만의 자아 이상, 즉 내가 바라는 나를 의식적으로든 무의식적으로든 마음속에 품고 있고 그것을 지향해요. 그리고 거기에 도달하지 못할 때 아쉬움과 부끄러움, 슬픔을 느끼고요. 차이는, 내가 바라는 나를 상실하고 돌아와 마주하는 '원래의 나'를 평소에 어떻게 여기고 있는지에서 발생합니다. 다시 만난 원래의 나가 스스로 보기에 너무 형편없거나 비어 있을 때 '내가 없어질 것만 같은 불안감'과 '나를 잃은 것만 같은 상실감'이 자신을 아프게 공격할 만큼의 크기가 됩니다.

아마도 효진씨는 그때그때의 주제들 때문에 자신이 괴로운 거라고 느끼고 있을지 모릅니다. 타인의 직장, 경제력, 인맥… 이런 것들이 고통의 이유라고요. 그런데 제 생각엔 순서가 반대인 것 같아요. 마음속 깊은 곳에 '원래의 나'에 대한 괴로운 이미지가 먼저 존재했고, 현실에서 어떤 일이 생기면 그것을 '원래의 내가 어떤 사람인지를 재확인하는 증거'라고 여기는 것 같아요. 자신도 모르게요. 그래서 효진씨가 반드시 질 수밖에 없는 불공정한 룰 안에서 싸워나가는 것만 같은 모양새가 되어버렸다고 봅니다.

효진씨의 '나'에 대한 이미지는 사실 부정적이라기보다는 잘 고정되어 있지 않아 보입니다. 자신이 어떤 사람인지에 대한 입장이나 삶의 우선순위가 무엇인지에 대한 자신만의 판단 기준이 다소 흐릿한 상태일 가능성이 높다는 뜻입니다. 그래서 무엇이 옳고 무엇이 더 가치 있는지, 자신이 지금 잘하고 있는 것인지에 대한 판단의 기준점을 자꾸 타인에게 두게 되는 것 같다는 생각이 들어요. 그리고 그러다보면 나보다 우월한 요소가 하나라도 있어 보이는 타인을 대할 때 위축감이나 자기의심이 생기기가 더 쉬워집니다.

그래서 저는 효진씨가 대부분의 시간 동안 마주하는 원래의 나를 더 차곡차곡 채워나가는 작업을 해보았으면 합니다. 그렇게 하면 내가 바라는 나를 상실하는 순간 속상하기는 해도 너무 깊은 절망감으로는 들어가지 않을 수 있고, 따라서 불안감도 덜어질 수 있습니다. 물론 쉬운 작업은 아니지만요.

저의 제안이 다소 추상적으로 들릴 수 있기 때문에 나를 채우는 작업을 어떤 식으로 해보면 좋을지 조금 더 구체적으로 알려드리려고 합니다.

비교의 풀을 넓혀서
다양한 생각을 콸콸 부어보는 겁니다

먼저, 비교를 안 하기보다는 비교의 '풀'pool을 넓혀보기를 권합니다. 비교하면 안 된다고 생각하는 상황에서 다소 의아하게 여겨질지 모르겠습니다. 그런데 "○○을 하지 말자!"라고 하면 그것에 대한 생각이 오히려 머릿속을 떠나기 더 어렵거든요. 코끼리를 생각하지 말라고 할수록 머릿속에서 코끼리를 지울 수 없게 되는 것처럼요. 그리고 사실 비교하면 안 된다는 말의 의미는 우월함과 열등함을 가리는 데 지나치게 치중하지 말라는 뜻이지, 비교 자체가 꼭 나쁜 건 아닙니다. 비교는 그저 서로의 공통점과 차이점을 판단하는 행위일 뿐입니다. 지금처럼 비교하는 마음이 저절로 올라오면서 우열을 가리려고 들면 그렇게 하도록 그냥 두되, 대신 반드시 원 플러스 원으로 '우월함과 열등함' 이외의 종목으로도 비교를 하나 더 해보세요. 적어가면서 할 필요도 없고 그냥 길을 가면서 스치듯 생각하면 됩니다.

예를 들어 친구와 자신의 직장을 비교하는 마음이 올라왔다면, 그 친구와 자신의 더 낮거나 못한 점에 대한 게 아닌 다른 종류의 비교를 하나 더 하는 겁니다. 되게 사소한 것도 괜찮고, 정말 아무거나 괜찮아요. 이를테면 '우리 둘 다 ○○이라는 아이돌을 좋아해' 또는 '친구에겐 언니가 있고 나는 동생이 있어' 같은 게 있을 수 있겠네요.

처음에는 은근히 잘 떠오르지 않을 수 있고 '내가 뭐 하고 있는 거지' 싶을 수도 있습니다. 하지만 하다보면 익숙해지면서, 좀더 마음 깊이 타인도 나도 다양한 공통점과 차이점으로 구성된 다면의 인간이라는 인식을 하게 될 수 있습니다. 그리고 나라는 사람의 우월함이나 열등함과 관련한 것 이외의 발견을 속속들이 하게 되면서 자연스레 '나'라는 그릇을 더 채워나갈 수 있을 것입니다.

누군가는 효진씨에게 이렇게 말할지 모릅니다. "너 자신에 대해 너무 많이 생각하거나 파고들지 마." 그러나 제 생각은 다릅니다. 자신에 대해 더 많이 생각하세요. 단, 풀을 넓혀서 자신에 대한 다양한 생각을 마음속에 콸콸 부어보세요. 내가 무엇을 좋아하고 싫어하는지, 나의 취향은 무엇이고 나를 제일 설레게 하는 것은 무엇인지, 나는 어떤 때 제일 힘이 나고 어떤 때 제일 속상한지 등등 여러가지 생각을 잔뜩 해보길 바랍니다. 그래서 내가 나 자신을 인터뷰했을 때 스스로가 '무언가가 더 낫거나 더 못한 사람'이라는 대답 이외의 대답을 지금보다 훨씬 더 많이 할 수 있게 되면 좋겠습니다.

스스로에게 의구심이 솟아나는 순간
제동을 걸고 반박할 기회를 주세요

두번째로 자신의 판단을 믿기 어려워지거나 자신을 의심하는 생각이 올라올 때, 거기에 대고 '과연 그럴까?'라고 한번만 꼭 물어봐주세요. 이 질문이 효진씨의 생각과 판단을 잘 다져나가는 데 도움이 될 거예요. '내가 지금 제대로 살고 있는 게 맞나?'라는 생각을 불러일으키는 타인을 대할 때의 불안과 자기의심에 반박하는 말을 어떻게든 하나라도 생각해보는 겁니다. 청개구리처럼 무조건 남들과 반대로 살라는 뜻이 아니에요. 배울 점은 배우고 수정할 입장은 수정해야죠. 다만 스스로에게 의구심이 솟아나는 순간 한번쯤 제동을 걸고 자신에게 반박할 기회를 준다면, 효진씨가 자신의 입장을 너무 쉽게 철회하거나 불신하거나 비난하지 않고 균형 있게 보면서 중심을 지키는 데 큰 도움이 될 것입니다.

그리고 마지막으로 SNS에 대해 말씀드리려고 해요. 효진씨가 SNS를 볼 때마다 스트레스를 받고 그만 보고 싶으면서도 마음처럼 행동하기 어렵다고 했잖아요. 자신에게 해롭다는 걸 알면서도 이미 습관이 되어버려 그만두기 어려운 상태일 거예요. 그래도 SNS 사용 빈도를 줄이는 게 효진씨에게 필요해 보이고, 스스로도 그러기를 원하고 있기 때문에 이 습관에 변화를 주면 좋겠지요.

효진씨가 일상에서 SNS를 열어보는 일은 아마도 '생각이나 행동의 공백이 있는 순간'에 제일 많이 벌어지고 있을 가능성이 높아요. 자고 일어나서 출근 준비를 하기 전, 한 장소에서 다른 장소로 이동하는 순간, 잠깐 쉬고 싶은 순간… 습관이 파고들기 제일 쉬운 때가 바로 이런 순간들입니다. 이때는 의식적인 생각을 거치지 않을 수 있는, 즉 아주 자동적으로 할 수 있는 행동이 선호되기 때문이에요. 이럴 때 의식적으로 열심히 '자제해야지'라고 생각하는 방식으로 기존의 습관을 통제하려 한다면 결코 이길 수가 없습니다. 생각이라는 것을 시작도 하기 전에 이미 SNS를 열어보고 있을 것입니다. 그러면 어떻게 해야 할까요?

습관은 습관으로 이겨야 합니다. 이를 위해 SNS 대신 실천해볼 만한 다른 습관의 목록을 다섯개 이내로 미리 작성해보고 외워두면 좋겠습니다. 외워놓는 게 중요한 이유는, 공백이 생기는 순간에 대안적인 습관을 최대한 빨리 떠올리고 행할수록 기존 습관(SNS 보기)을 이길 경쟁력을 조금이라도 더 확보할 수 있기 때문입니다.

대안 습관으로는 휴대폰 보는 행위가 아닌 다른 행위, 예를 들어 '스트레칭 하기(어떤 동작을 할지 미리 생각해놓는 게 좋아요. 우물쭈물하는 사이에 기존의 습관이 다시 파고들 수 있기 때문입니다)' '물 한잔 떠와서 마시기' 같은 걸 떠올려봐도 좋지만요. 이미 휴대폰에 손이 갔을 때를 대비한 대응책을 마련하면 더 현실적인 도움이 될 거예요. 예를 들면 '휴대폰에 손을 뻗는 순간 바로 전자책 앱을 열어 책갈피 표시를 해둔 책 보기' '드라마, 영화, 웹툰을 보다가 멈춘 곳을 열어 마저 보기' '나중에 보려고 모아놓았던 취미 관련 유튜브 영상을 아무 생각 없이 틀기' 같은 것들이 있겠습니다.

효진씨의 불안이 점차 줄어들기를 바라는 마음이 크

지만, 편지에 담은 더 큰 바람이 있다면 효진씨가 이미 자신을 사랑하고 있다는 사실을 잘 기억했으면 한다는 것입니다. 우리는 다만 스스로를 더 잘 사랑해줄 수 있는 방식을 찾아나가기 위한 고민을 함께한 것이고요. 이 편지가 제일 중요한 사실을 잊지 않는 데 도움이 된다면 좋겠습니다.

Book

『서영동 이야기』 조남주 지음, 한겨레출판 2022

서영동이라는 가상의 지역에 사는 사람들의 욕망, 냉정함, 따뜻함 등이 부동산, 교육열, 비정규직 처우 같은 현재 한국 사회의 모습을 통해 드러나는 소설입니다. 여러 얼굴을 하고 있는 서영동 사람들을 흥미롭게 지켜보았으면 합니다.

Movie

「더 네이버스 윈도우」 마셜 커리 감독, 2019

20분가량의 단편영화입니다. 알리와 제이콥 부부는 아이들을 키우며 정신없이 바쁜 일상에 스트레스를 받으며 살아갑니다. 맞은편 집에서 사이좋게 지내는 부부를 엿보며 부러워하고요. 그들이 마지막에 발견하게 되는 진실은 무엇일까요?

Music

「I'm Alright」 Neil Zaza

기타 연주곡이에요. 어떤 느낌을 받을지는 각자에게 달려 있지만, 제목이 약간은 힌트가 될 수 있겠네요. 자신이라는 고유한 사람을 사랑하고 다듬어나가면서 스스로에 대해 괜찮다는 마음을 더 가졌으면 하는 바람으로 추천합니다.

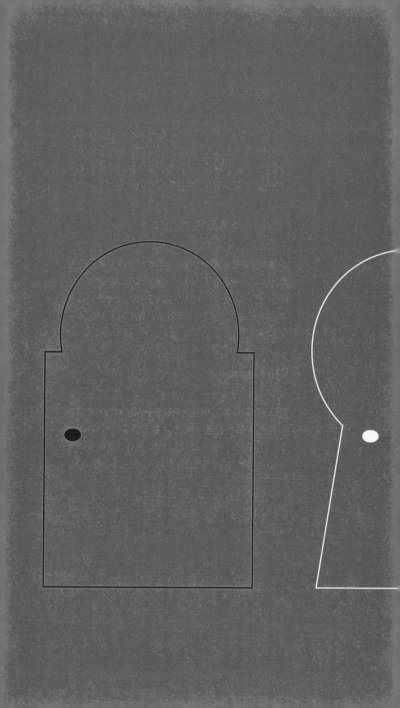

sister's counseling room

결혼 말고
다른 선택지는 없을까요?

저는 확고한 비혼이에요. 좋은 사람을 만난다고 해서 행복한 가정을 꾸릴 수 있을 것 같지 않거든요. 전통적인 가족이라는 틀 안에서 제가 포기해야 할 것들이 두렵기도 하고, 또 포기하지 않고 싶은 마음이 매우 커요. 결혼을 해서 내가 무언가를 포기하게 된다면 그에 대한 보상심리도 생기고 크게 후회할 것 같다는 생각을 항상 합니다. 만나는 사람은 있었지만 결국 결혼까지 선택하게 되지는 않더라고요.

하지만 부모님은 걱정이 많아요. 당신들이 돌아가시고 나면 제가 혼자서 어떻게 살아갈 생각인지 자꾸 물어보세요. 주변에서도 "좋은 사람을 만나면 달라질 거다. 너무 부정적으로 생각하지 마라" 하면서 자꾸 결혼을 이야기합니다. 물론 그렇다고 아무나랑 덜컥 결혼할 마음이 들 것 같지는 않지만, 아무래도 부모님 나이가 점점 많아지다보니 혼자가 될 나에 대해서 생각이 많아지네요.

부모님에 대해 말하자면, 아빠는 가정에 별로 신경 쓰지 않고 항상 자기 하고 싶은 대로만 하고 살았어요. 반면에 엄마는 자기를 희생하면서 저를 잘 키우려 노력하셨죠. 가정의 모든 일(경제 및 가사 모두)은 엄마 혼자서 다 하셨어요. 그래서 여자가 돈을 벌면 굳이 남자가 필요하지 않겠다는 생각을 어릴 때부터 많이 했습니다.

저는 부모님께 괜찮은 것처럼 말하지만 내심 앞으로의 삶이 점점 더 두려워집니다. 나 혼자서 잘 살아갈 수 있을까, 언제까지 이 밥벌이를 지속할 수 있을까 하는 두려움이요. 제 나이 또래는 대부분 결혼을 했고 또 결혼을 하고 싶어하는 친구들도 많아서 확고한 비혼이라는 게 때때로 외롭기도 해요. 어떻게 하면 더 안정적이고 단단하게 혼자 잘 헤쳐나가는 40대를 맞이할 수 있을까요? 주변 친구들과 조금 다른 미래를 선택한 외로움과 두려움을 어떻게 하면 조금이라도 떨쳐낼 수 있을까요?

사실 제가 적은 내용은 고민 반 하소연 반인 것 같아요. 이런 기회를 통해 비슷한 가치관을 공유하는 여성들과 생각을 나누고 싶은 마음도 커서 편지를 보내봅니다. 저에게는 끊임없이 누군가 함께하고 있다는 신호가 중요한 것 같아요.

수민씨에게

신호를 보내주셔서 감사합니다. 많은 사람들에게 수민씨의 신호가 전달되었기를 바라며, 이 편지에 대한 여러 사람들의 반응을 통해 수민씨도 신호를 받을 수 있기를 바랍니다. 세부적인 상황이나 비혼 결심의 정도 차이는 조금씩 있겠지만 정말 많은 분이 공감하리라 믿어요. 그리고 친구들과는 다른 선택을 하면서 드는 여러 감정을 품고 있을 수 있는 수민씨는 자신을 위한 삶을 잘 설계해 나갈 만한 분이라고 생각합니다.

비혼은 사람들에게 마치 변화 없는 상태인 것처럼 여겨질 때가 많아요. 결혼의 경우는 파트너를 찾아나서고 (보통은) 결혼식이라는 의례를 통해 새로운 가정을 만들었음을 선포하는데, 비혼의 경우는 겉으로 그 과정이 잘 드러나지 않기 때문이지요. 하지만 비혼 역시 결혼만큼이나 치열한 고민을 수반합니다. 또한 고민 이상의 구체적이고 적극적인 행동 역시 필요합니다.

아버지와의 관계에서 어려움을 겪던 수현씨의 편지에서 언급한 것처럼 우리는 성인이 되면 누구나 인생의 새 챕터를 맞이합니다(114면 「왜 이런 사람이 우리 아빠일까요」 참조). 인생의 새 챕터에서는 반드시 잘 해결해야 하는 주제들이 존재하며 이는 거칠게 세가지로 나누어볼 수 있어요. 바로 경제적인 문제, 돌봄의 문제, 그리고 정서적 친밀함의 문제입니다. 이 세가지 주제를 어떻게 풀어나갈 것인지가 관건이라고 할 수 있습니다. 사람들은 흔히 결혼으로 이를 모두 해결할 수 있을 거라고 믿지만 사실 그러지 못하는 경우도 아주 많습니다. 솔직히 말씀드려서 결혼 나름입니다.

선택한 길을 확신 있게 걸어가려면
왜 그러한 선택을 했는지를 짚고 넘어가야 합니다

이제 수민씨 이야기로 들어가볼게요. 자신은 확고한

비혼이라는 말로 편지를 시작했듯 비혼인으로서 '어떻게' 살아가는 게 좋을지를 고민하고 있다는 걸 압니다. 그럼에도 불구하고 지금부터 저는 수민씨가 결혼을 원치 않는 이유, 즉 '왜'에 대해 다시 자세히 살펴보기를 요청할 것입니다.

이 요청이 그간 수많은 비결혼인들이 받아온 지긋지긋한 질문과 간섭을 연상시킬지도 모릅니다. 하지만 저는 결혼을 원하는 사람 역시 똑같이 왜 결혼을 원하는지를 스스로에게 꼭 물어야 한다고 생각하기에 그 연장선상에서 질문을 드립니다. 선택 이후의 삶을 고민하는 것만큼이나 왜 그러한 선택을 했는지를 짚고 넘어가는 일은 중요합니다. 그래야 선택한 길을 더 확신 있게 걸어가면서 여러 중요한 결정을 잘 내릴 수 있기 때문입니다. 특히 나는 결혼의 어떤 속성에 반대하고, 반면 어떤 속성은 괜찮은지를 따져보는 일은 설계도를 그려나가는 데 매우 큰 도움이 될 것입니다.

수민씨가 비혼을 택한 이유를 편지 첫 문단에서 어느 정도 엿볼 수가 있었는데요, 그걸 바탕으로 이것저것 생각해볼 만한 질문을 해볼게요.

Q. 좋은 사람을 만난다고 해서 행복한 가정을 꾸릴 수 있을 것 같지 않다고 했어요. 행복한 가정을 함께 꾸리기는 어렵지만 좋은 사람이란, 어떤 사람인가요? 그리고 그간 수민씨가 만나왔던 사람은 어떤 사람이었나요?

Q. 그리고 좋은 사람을 만나더라도, 만에 하나라도 수민씨 자신이 행복한 가정에 어울리지 않는다는 생각을 하고 있다면 역시 행복한 가정을 만들기 어렵습니다. 수민씨는 자기 자신이 어떤 사람이라고 생각하나요?

Q. 또한 전통적인 가족 관계에서 포기해야 하는 것들에 대한 두려움을 말씀하셨어요. 아마도 누군가와 결혼을 하면 반드시 '전통적인 가족'을 꾸리게 된다고 생각하는 것 같은데 맞나요? 수민씨에게 전통적인 가족은 무엇인가요? 여성과 남성이 결혼해서 만드는 가족은 그 조합만으로 수민씨가 두려워하는 전통적인 가족인가요?

수민씨가 뭘 걱정하는지 제가 다소 모른 척 시치미를 떼며 묻고 있다는 걸 인정합니다. 사실 수민씨가 염려하고 있을 거라 짐작되는 점은 정말 많은 여성들이 염려하는 점이기도 합니다. 부당한 성역할을 요구받을지 모른다는 두려움, 더 강하게 표현하면 여성이라는 이유만으로 희생과 착취를 당할 가능성에 대한 두려움입니다.

사람들이 흔히 말하는 것들 위주로 예를 들어볼게요. 집안일에 아무런 참여를 하지 않거나 하더라도 자신이 '돕는다'고 느끼는 남편, 며느리 쪽에만 감정노동을 강요하는 시가, 자신의 조상도 아닌 이들을 위해 차례상을 준비해야 하는 난처함, 아이를 가져야 한다는 주변의 압력, 아이를 낳고 나면 거의 대부분 여성이 삶을 희생해야 한다는 두려움… 그밖에도 많은 것들이 있겠지요.

피해야 하는 두려움은 피하고
맞서야 하는 두려움에는 맞서봅시다

조심스럽게 추측해보자면 수민씨의 어머니도 예외가 아니었던 것 같습니다. 우리는 대체로 같은 성별의 양육자에게 더 많이 동일시하며 성장하는데요. 수민씨 눈에 비친 어머니는 자기 하고 싶은 대로만 하고 살았던 아버지 때문에 자신을 희생한 분인 것 같아요. 물론 두분의 결혼 생활이 100퍼센트 나빴을 거라는 건 아닙니다. 다만 적어도 수민씨 마음 안에서 '나도 결혼해서 엄마처럼 살고 싶다'라는 소망이 올라오기는 매우 어려웠을 것이 분명합니다.

이렇게 결혼이라는 덩어리가 담고 있는 속성들 중 '성역할로 인한 착취'에 대한 두려움이 너무 큰 압도감을 주기 때문에, 다른 형태의 공동체에서도 발생할 만한 '헌신과 책임'에 대한 두려움이나(물론 공동체별로 정도의 차이가 있지만요), '내가 타인에게 좋은 사람이 될 수 있을지'에 대한 두려움을 따로 떼어내어 점검해보기 어려울 때가 있습니다. 헷갈릴 때가 많아요. 이는 부당한 성역할에 해당하는 것을 마치 독립에 따라오는 헌신과 책임인 것처럼 포장하고, 거기에 부응하지 못하면 죄책감을 자극하는 사람들이 많기 때문에 생긴 혼란이기도 합니다. 그렇기 때문에 반드시 자신만의 두려움을 다시 구별해보면서, 피해야 하는 두려움은 피하고 맞서야 하는 두려움에는 맞서는 작업을 해보았으면 합니다. 이 작업은 결혼을 제외한 다양한 선택지를 고려하는 데도 결정적인 도움이 되는 과정입니다.

헌신과 책임이라는 것이 무엇인지, 그리고 내가 타인

에게 좋은 사람이라는 것이 어떤 뜻인지는 다음과 같은 내용을 고민해보면 도움이 됩니다. 타인에게 돌봄받을 가능성만큼 내가 타인을 돌보게 되는 것, 타인이 나를 경제적으로 책임질 가능성만큼이나 내가 타인을 경제적으로 책임지게 되는 것, 상처 주고 상처받는 것, 돌봄을 받을 때의 고마움, 미안함, 부채감을 견디는 것, 맞지 않는 부분을 두고 협상하는 것, 타인을 잃거나 타인이 떠나는 것, 내가 타인을 떠나는 것… 여기에 대한 자신의 생각이 어떤지를 꼭 따로 떼어내어 잘 살펴보면 좋겠습니다.

당신이 가장 행복할 수 있는
삶의 방식은 무엇인가요?

그리고 그밖에 아주 중요하다고 생각되는 질문 아홉 개를 나열해보았어요. 좀 많죠? 그러나 최소한 이 목록만큼은 시간을 충분히 가지면서 하나하나 들여다보기를 바랍니다. 나는 어떤 사람인지, 나의 행복을 극대화할 수 있는 삶의 방식은 무엇인지에 대한 단서를 얻을 수 있을 것입니다.

1. 나의 성적 특성은 어떠한가?(어떤 대상에게 성적 끌림을 느끼는지, 성적인 요소는 내 삶에서 어느 정도로 중요한지 등)

2. 로맨틱한 관계, 즉 연애에 대한 나의 마음은 어떠한가?

3. 성적인/로맨틱한 요소를 삶에 얼마만큼의 비중으로 넣고 어떻게 조화하며 살고 싶은가?

4. 나는 혼자 살고 싶은가, 아니면 누군가와 함께 살고 싶은가?

5. 혼자 사는 것에 대한 두려움은 무엇이고, 함께 사는 것에 대한 두려움은 무엇인가?

6. 연애 상대와 함께 사는 것은 어떠한가?

7. 친구나 동료와 함께 사는 것은 어떠한가?

8. 혼자 살되 서로 도움을 주고받을 수 있는 이들과 느슨히 연대하며 사는 것은 어떠한가?

9. (결혼 여부와 무관하게) 아이를 키우는 것을 어떻게 생각하는가?

제가 느낄 때 수민씨는 자신을 착취당하도록 쉽게 두지 않을 사람이에요. 스스로를 잘 지킬 수 있다고 믿어도 될 것 같습니다. 수민씨에게 부당하지 않은 책임을 요청하고 자신 역시 동등한 책임을 수행할 수 있는 사람이라면 그 사람은 수민씨에게 좋은 사람일 것입니다. 그 사람과 함께 만드는 공동체가 우연히 '이성애 정상가족'의 형태를 띠게 될 가능성도 있을 수는 있습니다. 물론 현재로서는 아닐 가능성이 훨씬 높지만요.

어느 쪽이든 내 안의 여러 두려움을 구별하고 대비해왔다면 잘 살아갈 수 있을 거라고 봅니다. 물론 막연하게 '이 사람은 다르겠지' '뭐 어떻게든 되겠지'라고 생각하는 일은 대단히 위험합니다만, 자신 안에서 좋은 사람을 알아볼 수 있는 근거 있는 안목을 계속 키워나가고, 자신의 그 안목을 믿는 동시에 자신 역시 좋은 사람이 되기 위해 노력한다면 수민씨가 원하는 방식의 삶을 멋지게 살아갈 수 있을 것입니다.

우리가 서로에게 보내는 신호들이
섬을 연결하는 끈이 될 거예요

이제부터는 고민 너머의 행동에 대한 제안들을 드릴게요. (이미 하고 있을지 모르지만) 비혼과 관련한 아주 적극적인 탐색을 시작하세요. 다행히 요즘에는 비혼과 관련한 다양한 에세이, 뉴스레터, 유튜브 등이 많습니다. 거기에는 혼자 사는 사람도, 둘이나 여럿이서 함께 사는 사람도, 각자 살되 이웃하여 사는 사람도 있을 것입니다. 그들의 삶의 방식을 보면서 나는 어떤 모습으로 살고 싶은지를 그려보세요. 그중 중점적으로 참고할 요소는 초반에 말씀드린 인생의 새 챕터에서 해결해야 하는 세가지 주제, 즉 경제적 문제, 돌봄의 문제, 친밀함의 문제를 어떤 방식으로 풀어나가고 있는지에 대한 것입니다.

추가로 중요하게 살펴볼 점은 그들과 내가 가진 자원의 차이를 살피는 일입니다. 사실 똑같이 비혼의 길을 가도 주변에 비슷한 이들이 많으냐 아니냐가 안정감의 많은 부분을 가릅니다. 수민씨가 그런 점에서 특히 외로움을 느끼고 있는 것이고요. 잘 관찰해보면 각자의 상황이 다 다르다는 걸 느끼게 될 겁니다. 예를 들어, 달걀의 노른자처럼 단단한 타인(들)이 중심에 있으면서 흰자처럼 느슨한 연대를 할 수 있는 동료들(서로의 반려동물을 챙겨주고 아플 때 도울 수 있는 정도의 사람들)이 여러명 존재하는 경우는, 솔직히 말씀드리면 적어도 지금의 수민씨와는 많이 다른 경우입니다.

그러나 나에게는 없는 자원이 그들에게 있는 반면 그들에게도 있고 나에게도 있는 자원, 그들에게 없고 나에게는 있는 자원 역시 있을 수 있습니다. 이러한 차이들을 냉정하게 가늠해보면서 지금부터 노력을 통해 얻을 수 있는 자원은 무엇인지, 의외로 자신이 이미 보유하고 있는 자원은 무엇인지 파악하기를 권합니다. 그럼으로써 수민 씨도 자신만의 모양을 가진 달걀을 서서히 만들어나갔으면 합니다. 한방에 네트워크를 형성하기는 어렵겠지만, 이제부터라도 비슷한 고민을 나눌 수 있는 사람들과 연결되는 시도를 하면 좋겠습니다. 요즘에는 비혼과 관련한 고민을 나누는 단체나 소모임, 스터디들이 꽤 있으니까요. 여력이 된다면 이러한 모임에도 참여해보았으면 합니다.

섬처럼 흩어져 있지만 사실은 정말 엄청나게 많은 섬들이 서로가 서로를 발견해주기를 기다리고 있을지 모릅니다. 수민 씨의 신호가 섬을 연결하는 끈을 만들어나가는 출발점이 되었으면 하는 저의 바람은 너무 앞서 나가는 마음일까요? 소망을 갖는 건 자유이니, 저는 이런 소망을 간직한 채로 수민 씨를 응원하겠습니다.

『노를 든 신부』 오소리 지음, 이야기꽃, 2019

이 책은 그림책이에요. 섬에 사는 소녀는 친구들이 결혼하여 섬을 떠나자 자신도 섬을 떠나기로 결심합니다. 드레스를 입고 신부가 된 소녀는 노 한짝을 들고 집을 나섭니다. 신부는 신랑을 만나게 될까요? 그게 아니라면 어떤 식으로 자신의 삶을 살아가게 될까요? 응원하는 마음으로 함께 지켜보면 좋겠습니다.

「안토니아스 라인」 마를린 고리스 감독, 1995

안토니아로부터 시작해 4대에 걸쳐 이어지는 공동체의 삶을 그린 영화입니다. 다양한 방식의 삶을 비난 없이 포용하며 어떤 성별도 억압받지 않는 안토니아의 공동체를 보면서, 나만의 고유성을 간직하면서 타인(들)과 함께하는 삶은 어떤 모습일지 이런저런 상상을 해볼 수 있기를 바랍니다.

「Save Myself」 Jane and The Boy

"다른 누구도 필요하지 않아. 나는 나 자신을 지킬 수 있어" (Don't need nobody else. I can save myself), "내가 믿을 수 있는 최고의 사람은 나야"(I am the best thing to believe in)… 글자 그대로 정말 아무도 필요 없다는 의미가 아니라, 외로운 결정을 홀로 내려야 하는 순간은 언제나 존재하며 그 과정에서 스스로를 믿는 것이 중요하다는 뜻이라고 저는 받아들였습니다.

제 외모가
만족스럽지 않아요

저는 제 외모가 만족스럽지 않습니다. 마음에 들지 않는 외모보다 더 속상한 점은 제가 외모 때문에 스스로를 싫어하고 있는 그대로의 저를 사랑하지 못한다는 사실이에요.

어렸을 때부터 예쁘다는 소리는 들어본 적이 없어요. 어른들이 어린 저를 두고 '하나는 살만 좀 빠지면 예쁘겠다' '대학 가서 쌍꺼풀 수술하면 돼' 같은 말들을 했는데 그런 이야기를 들으면서 저는 '아, 나는 예쁜 사람이 아니구나' 하는 생각을 하게 된 것 같아요.

학창 시절에는 남자애들의 놀림을 많이 받았어요. 저는 경도 비만에 피부도 까무잡잡한 편이어서 그런 제 외모를 두고 이런저런 불쾌한 별명이 붙은 적도 있어요. 그런 이야기를 들을 때마다 매번 땅속으로 꺼지고 싶은 마음이었고요.

저와 같이 어울려 다니는 친구들은 왜 다들 예쁘고 날씬한지 모르겠어요. 그런 친구들이 너무 부럽고, 같이 다니다 보면 자연스레 비교가 되면서 제가 더 못나게 느껴지기도 해요. 예쁜 친구들 사이에 있는 저를 보며 사람들이 뭐라고 생각할까 걱정도 되고요.

외모로 평가받는 일이 지긋지긋하면서도, 저 역시 다른 사람들의 이목구비와 몸매를 뜯어보며 속으로 평가하기도 해요. 소개팅을 앞두고 제 사진만 보여줬을 뿐인데 거절당한 날에는 크게 상처를 받고 몇날 며칠 심한 자기혐오에 빠지기도 했습니다.

여성이 외모를 꾸미게 만드는 분위기, 그럴 수밖에 없는 환경 같은 것들이 문제라는 걸 알지만… 그렇다고 외모에 대한 집착을 버리거나 꾸미는 노력을 안 하기가 어려워요. 남들 눈에 조금이라도 매력적으로 보이고 싶은 게 저의 솔직한 마음이거든요.

그러면서도 어떤 때는 외모에 대한 기준이나 잣대가 여자들에게 더 가혹하다는 점에 화가 나고 내가 왜 그 기준에 맞춰야 하나 싶기도 해요. 꾸미는 노력을 하는 저 자신을 바라볼 때 괴롭기도 하고요. 마음이 늘 왔다 갔다 합니다. 어떻게 하면 괴로움이 줄어들 수 있을까요?

하나씨에게

어릴 때부터 외모에 대한 고민으로 속앓이를 해왔던 하나씨의 편지를 읽으면서, 하나씨가 그간 서로 반대로 향하는 마음들 사이에서 줄타기하는 심정이었을 것만 같다고 생각했어요. 여성을 향한 외모 잣대가 부당하다는 분노와 그러면서도 타인의 외모를 평가하게 되는 자신의 습관 사이에서, 그리고 자기를 있는 그대로 사랑해야 한다는 원칙과 외모 때문에 스스로가 싫다는 솔직함 사이에서요. 상반되는 마음들 사이에서 걸어나가느라 많이 애써왔을 것 같아요.

하나씨는 혹시 광고주의 까다로운 요구사항과 관련한 농담을 들어보신 적이 있나요? "클래식하면서도 모던하고, 화려하면서도 심플하고, 역동적이면서도 정적인 광고를 만들어주세요" 같은 말이요. 상반된 특성을 한꺼번에 담아주길 바라는, 거의 불가능에 가까운 요구를 보여주는 재미있는 표현인데요. 저는 외모와 관련하여 여성들이 일상에서 마주하는 요구와 기대에서 이 농담을 종종 연상합니다.

세상은 여성의 외모를 세밀하게 평가하면서도, 개인이 외모에 집착하는 행위는 못마땅해하며 겉모습은 단지 껍데기라고 말하곤 합니다. 외모를 가꾸는 일은 프로페셔널한 자기관리라고 하다가도, 어떤 때는 프로페셔널하지 않게 외모만 신경 쓴다며 비난합니다. 그리고 매력은 있되 너무 시선을 끌거나 유혹적이면 안 되고요. 아름다움은 여성의 지상 과제이지만 자연스럽게 달성되어야 하고, 지나치게 많은 돈을 들이거나 인위적으로 달성되는(예: 성형수술) 아름다움은 부정적인 것이 됩니다.

이런 이중적인 요구로 둘러싸인 환경에서 많은 여성들이 상반된 마음을 가지게 되는 건 이상한 일이 아닙니다. 예를 들어 자신의 다른 특성들은 무시되고 외모로만 평가받는 상황이 싫으면서도 자신 역시 외모만으로 스스로와 타인을 평가하게 될 때가 생깁니다. 외모를 가꾸는 일은 부질없는 짓이라고 생각하다가도, 자신의 외모를 더 매력적으로 가꾸고 싶다는 강한 욕구를 느끼기도 하고요. 하나씨 안에서도 이렇게 여러 마음들이 각자의 지분을 주장해왔을 거라 생각합니다.

여성의 몸에 주입되는
두가지 암묵적 메시지

하나씨가 어릴 때부터 겪었던 일들에 대해 잠시 말해보고 싶어요. 어른들에게 들었던 말, 그리고 남학생들로부터 받았던 놀림은 자신의 신체상^{body image}을 형성해나가는 성장기의 하나씨를 많이 아프게 했을 것 같습니다. 신체상이란, 자신의 몸이 어떻다고 인식하는지, 그리고 타인에게는 어떻게 비칠지에 대한 자기 자신의 믿음을 말하는데요. 아마도 하나씨는 자신의 몸에 매력이 있다고 느끼는 경험, 나아가 스스로를 마음껏 '예뻐해주는' 경험을 하기가 쉽지만은 않았을 것 같다는 생각이 듭니다.

하나씨가 겪었던 일에는 성장기 여성들이 자신의 몸에 대해 흔히 주입받는 두개의 암묵적인 메시지가 담겨있기도 합니다. 하나는 자신의 신체에 타인이 언제든지 개입할 수 있다는 메시지입니다. 외모에 대한 피드백이 (긍정적인 내용이든 부정적인 내용이든) 아무런 제지 없이 허용되는 분위기에서 성장하면서, 내 몸의 온전한 주인이 나라는 느낌을 받기가 어려울 수 있다는 뜻이지요.

다른 하나는, 여성의 신체는 지속적으로 보완과 수리 (예: 체중 감량, 성형수술, 제모, 피부 관리 등)가 필요한, 즉 있는 그대로는 반드시 결함이 있다는 메시지입니다. "○○만 더 하면 예쁠 텐데"와 같은 말들은, 강점이나 개성보다는 약점이나 결함이라는 렌즈로 자신과 타인의 외모를 바라보게 하는 결과를 낳습니다. 이런 가운데 개인이 자신에 대한 긍정적인 신체상, 나아가 긍정적인 자기상self-image을 형성하는 일은 험난한 과제가 됩니다.

물론 누구나 자신의 외모에 아쉬운 점이 없을 수는 없으며, 그것을 개선하고 자신을 가꾸려는 노력을 할 수 있습니다. 이러한 행위는 자신을 살피고 돌봐주는 방법의 하나이기도 하고요. 그러나 앞의 두가지 메시지는 아쉬운 점을 그저 아쉬운 점으로만 머물지 못하게 만듭니다. 다시 말해 나도 모르게 (아쉬움이 아니라) 위협으로, 자신의 진짜 가치와 정체성마저 좌우하는 무언가로 여기게 될 수도 있다는 뜻입니다.

이렇듯 현실이 아직 녹록지 않은 것은 분명합니다(그 간 많은 여성들의 노력으로 문제의식이 생기고 변화가 일 어나고 있다는 점은 무척 다행입니다). 그렇기에, 그 현실 안에서 어떻게 하면 자신을 잘 지키면서 중심을 잡을 수 있을지에 대한 고민은 정말로 중요한 주제라고 할 수 있 습니다.

불완전함을 수용하는
첫 단추부터 채워봅시다

그렇다면 조금은 잔인하게 하나씨를 둘러쌌던, 그리 고 지금도 둘러싸고 있는 세계 안에서 하나씨는 어떻게 생각하고 행동하는 것이 좋을까요?

하나씨는 어떻게 하면 외모가 더 나아질지가 아니라, 어떻게 하면 외모를 이유로 스스로를 싫어하지 않을 수 있을지를 묻고 있습니다. 이는 곧 '어떻게 하면 자신의 외 모가 가진 불완전함을 수용할 수 있을지'에 대한 질문이 라고 생각합니다. 이를 위해 저는 하나씨가 자신의 불완 전한 외모를 대하는 '불완전한 태도'를 안쓰럽게 여기는 시도를 했으면 합니다. 외모 때문에 위축되는, 그리고 외모로 평가받기 싫으면서도 타인의 외모를 평가하게 되는, 즉 하나씨가 자신의 겉모습보다도 더 싫어하는 스스로의 태도에 대해 일단은 그냥 무조건 고생이 많았다고, 그리고 애썼고, 애쓰고 있다고 계속해서 말해주세요. 그 태도에 어떤 변화를 줄지는 나중으로 미루고요. 이것이 하나씨가 가진 불완전함을 수용하는 첫 단추입니다.

그러면서 하나씨가 자신의 신체와 친밀해지는 경험을 많이 하면 좋겠습니다. 지금까지 여러 상처가 있었던 상황에서는 자신의 외모를 편안하게 다루는 일이 쉽지 않을 수 있는데요. 그렇기 때문에 외모와만 억지로 가까워지려 하기보다는 자신의 몸 전체와 익숙해지는 행위를 먼저 하는 것이 하나씨에게 더 도움이 됩니다.

이는 많은 여성들과 하나씨가 그간 받아왔을지 모를 암묵적 메시지를 새로운 메시지로 희석하는 방법이기도 합니다. 즉, 나의 몸은 보이기 위해서만 존재하는 게 아니라 나를 살아 있게 하고 움직이게 하기 위해 존재하며, 결함이라는 관점이 아닌 개성의 관점으로 내 몸을 볼 수 있다는 메시지를 스스로에게 알려주는 것이지요.

그리고 이를 자신에게 효과적으로 알려주는 방법은 이 메시지가 참이라는 사실을 직접 경험하는 것이고요.

내가 나의 몸을 능동적으로 움직이고, 그렇게 움직일 때 느껴지는 감각을 다시 수용하면서 내 신체의 주인이 나라는 사실을 말 그대로 '몸에 와닿게' 느껴보는 겁니다.

대표적인 예로는 운동이 있습니다. 달리기일 수도, 자전거일 수도, 축구나 배구일 수도, 춤일 수도 있습니다. 자신의 신체가 해낼 수 있는 범위 내에서 다양한 움직임을 경험해보세요. 하나씨가 이미 운동을 하고 있다면, 운동을 할 때 내 몸이 어떻게 쓰이고 어떤 감각이 느껴지는지에 한껏 집중해보았으면 합니다. 기왕이면 체중 감량이나 체형 관리만을 위한 운동보다는 재미있게 즐길 수 있는 운동이었으면 하고요.

새로울 것이 없어 보이는 방법처럼 느껴질지도 모릅니다. 그렇지만 속는 셈 치고 꼭 시도해보기를 권합니다. 여성들이 신체 활동에 장기간 참여했을 때 체중이나 체형보다는 신체와 정신의 건강으로 자연스럽게 관심의 초점이 옮겨졌다는 연구 결과도 존재하거든요.

그리고 저는 하나씨가 다양한 외모와 성격, 관심사를 가진 사람들을 많이 만나보았으면 합니다. 여기에는 하나씨를 다양한 관점에서 바라봐줄 수 있는 사람들도 포함됩니다. 하나씨의 친구들이 하늘의 축복(?)을 받아 태어나길

예쁜 모습일 가능성도 있지만 어쩌면 외모에 커다란 공을 들이는 것이 공기처럼 익숙한 집단일 가능성도 있습니다. 그렇지 않다고 하더라도, 한정된 집단의 사람들을 겪는 시간이 많을수록 그들의 모습을 은연중에 표준점으로 받아들이게 될 때가 있기에 하나씨가 다양한 개성을 가진 이들을 자꾸자꾸 경험하면 좋겠습니다. 예를 들면 (앞서 권해드린 운동과 연결 지어서) 다양한 배경의 사람들과 함께 팀 활동을 경험해보는 방법 등이 있습니다. 그러면서 그들이 각자 어떤 태도로 스스로를 대하는지, 그중에서 하나씨가 닮고 싶은 태도를 보이는 사람은 누구인지 부담 없이 관찰해보았으면 합니다. 하나씨 자신에 대해 지금까지 들어왔던 것과 다른 종류의 피드백을 듣게 된다면 그건 덤이고요.

당신은 여성으로서
어떤 모습을 한 사람인가요?

마지막으로 여성으로서의 하나씨 자신에 대한 탐구를 깊이 해보기를 권합니다. 특히, 만일 여성에게 가해지는 외부의 압력이 없다고 가정했을 때 (물론 그렇게 상상하는 일이 쉽지는 않지만) 여성으로서 하나씨가 추구하는 자신은 어떤 모습이며 어떤 욕구를 가진 사람인지를 상상해보기를 바랍니다. 외모, 성격, 태도, 취향, 성취, 관계 등 모든 영역에서요. 이런 상상을 해보는 일은 하나씨가 자신 안에서 더 단단한 자기 중심을 만들어나가는 데 아주 큰 도움이 됩니다.

다소 막연하게 느껴질 수 있음에도 이런 제안을 드리는 이유는 우리가 '여성성'이나 '남성성'과 관련한 개념을 자기 자신과 연관 지어 생각할 때가 많기 때문입니다. '여성스럽다'라는 말에서 많은 사람들이 흔히 연상하는 이미지를 생각해볼까요? 그 이미지들 중에서는 하나씨가 기쁜 마음으로 추구할 수 있는 것도 있지만 그렇지 않은 것도 있을 겁니다. 이렇듯 자신이 가진 여성성은 외부 세계에서 규정하는 외모 기준 등의 '여성성'과는 다릅니다. 공통점을 가질 수는 있으나 완전히 같을 수는 없지요. 그런데 마음속에서는 자신도 모르게 이 둘이 같아야 하는 것처럼 여겨버릴 때가 있습니다. 그러다보면 때로 여성으로서의 자신이 '여성'으로서의 자신과 다르다는 이유로 자기 자신과 멀어지거나 어떤 태도를 취해야 할지 헷갈리는 상황에 놓일 수 있으며, 이는 스스로를 잘 돌보고 지키는 일을 방해할 수도 있습니다.

그렇기에 하나씨가 자기 자신만의 여성성이란 무엇인지를 탐색하는 작업을 꾸준히 해나가시기를 권합니다. 이 탐색의 결과는 하나씨가 스스로를 더 잘 사랑해줄 수 있게, 또한 줄타기를 해야 하는 상황에서 더 잘 걸어나갈 수 있게 도와줄 것입니다. 나아가 굳이 줄 위에 올라가지 않고 걸어나갈 수 있는 힘을 줄 것입니다.

오랜 시간 고민하고 애써왔을 하나씨에게, 그리고 하나씨와 줄곧 동고동락해온 하나씨의 몸에게 응원과 격려를 전합니다.

Sister's counseling room

『우아하고 호쾌한 여자 축구』 김혼비 지음, 민음사 2018

축구 보기를 좋아하던 저자는 직접 공을 차보고 싶어 여자 축구팀에 가입합니다. 축구를 하며 이전과는 아주 다른 방식으로 자신의 몸을 경험하고, 다양한 개성을 가진 사람들과 함께하며 즐거움을 느낍니다. 그 과정을 함께 따라가보면서, 자신의 신체를 새롭게 경험하고 각기 다른 타인과 상호작용할 수 있는 자기만의 종목을 궁리해볼 수 있기를 바랍니다.

「유월」 이병윤 감독, 2018

어느 날 갑자기 한 초등학교에 댄스바이러스가 퍼지기 시작하면서, 사람들은 한시도 가만히 있지 못하고 춤을 추게 됩니다. 처음에는 모두 당황하지만, 점차 기쁨과 자유로움을 느끼고 이전에는 가져보지 못했던 자신만의 색깔도 찾게 되는데요. 그 유쾌함과 자유를 함께 느껴보았으면 합니다.

「잘 알지도 못하면서」 이랑

예쁜 사람을 부러워하는 마음, 멋 부리고 싶어하는 마음, 멋 부리고 싶어하는 마음을 부정하고 싶은 마음… 우리 안에 들어 있는, 외모와 관련한 이런저런 인간적인 감정이 드러나는 노래입니다. 끝까지 들으면 피식하고 웃음이 나오는 가사를 가벼운 마음으로 들어보세요.

회사에서 부당한
차별을 겪고 있어요

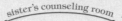

얼마 전 같은 부서의 남자 동기가 대리로 승진했습니다. 경력도 하는 일도 같은데 저는 승진이 누락되고 동기만 승진했어요. 그 친구가 저보다 일을 잘하느냐 하면 전혀 아니에요. 실수도 잦고, 업무 관련 사고를 친 적도 여러번이고, 실적도 제가 명백히 나아요. 너무 화가 나고, 일에 대한 의욕까지 사라져요. 아무도 직접적으로는 남자라서 먼저 승진했다고 말하지 않으니 더 억울한 마음이에요.

제가 다니는 회사는 남초 회사에 수직적인 분위기이긴 하지만, 막상 승진에서까지 이런 일을 겪고 나니 힘이 빠져요. 연말 연초 개인 목표를 세우며 이사와 면담을 하는데, 당연하게도 결혼이나 육아 계획을 물어봅니다. 모두에게 으레 물어보는 거라고 말하지만 알고 보면 남자 직원들에게는 물어보지 않는 내용이에요. 한번은 팀장이 저에게 "내가 그동안 열심히 키웠던 여자 후배들이 다 그만둬서 늘 안타깝다. 너는 안 그럴 거지?"라고 말하기도 했어요. 분명 남자 후배도 많이들 그만두었을 텐데 말이죠. 대놓고 "여자라서 더 못한다"거나 "여자 후배들은 싫다"라고 말하지는 않으면서도 묘하게 기분이 이상해지는 표현을 많이 들어요.

세상일이 이런저런 면에서 분명 예전보다 조금씩 나아지고 있는 건 맞지만 여전히 내가 남자라도 과연 이런 일을 겪었을까 싶은 생각이 드는 일이 많은 건 사실이에요. 그러고 보니 부장급 이상의 직원들은 전부 남자라는 사실이 문득 떠오르네요. 제가 계속 이 조직에서 일할 수 있을지 확신이 없어져요.

민주씨에게

일할 의욕마저 사라진다는 민주씨의 말이 마음 아팠습니다. 이번 일로 회사의 환경, 즉 남성 중심적인 분위기에 높은 직급에는 남성만 있다는 사실 등이 함께 일깨워지면서 민주씨를 위협하고 있는 듯해요. 그 공간에서 민주씨가 좋은 성과를 내기 위해 참으로 애써왔겠다는 생각이 듭니다. 모래주머니를 매달고 달리는 심정이었을지도 모르겠어요. 그러다 동기의 승진 소식을 접하니, 그간 억눌러왔던 감정들까지 한꺼번에 올라와 더 힘들 거예요.

부당하게 대우받는 느낌 feeling of unfairness 은 즉각적인 분노를 유발하는 힘든 감정 중 하나입니다. 물론 공정한 경쟁에서 패배해도 속이 쓰리고 상대를 시기하는 마음이

들 수도 있습니다. 억울할 수도 있고, 스스로를 원망하게 될 수도 있어요. 그런데 내가 애초부터 어찌할 수 없었던 요인 때문에 받아들여야 하는 결과라면, 분노와 무력감이 비교할 수 없이 강하게 밀려올 것입니다.

민주씨의 묘사를 토대로 짐작해보면, 민주씨는 미묘한 성차별gender microaggression을 자주 느끼는 환경에서 일하고 있는 듯합니다. 미묘한 성차별이란 일상적인 환경, 말이나 행동 등이 성차별적인 경멸이나 모욕감을 불러일으키는 것을 말합니다. 예를 들어 "여성 임원이라니 대단한데요?" "남자 간호사라니 멋져요" 같은 말들이 해당되고요. 민주씨는 남성 동료가 업무나 관계에서 더 많은 기회를 얻는 모습을 목격하면서도 '우리는 모두를 동등하게 대우하고 있다'는 메시지를 동시에 받고 있는데, 이 역시 미묘한 성차별에 포함될 수 있습니다. 이는 명시적인 배제 이상으로 큰 괴로움을 줍니다. 이런 환경에서 계속 지내다보면 처음에는 화가 나고, 무력감도 들다가, 많은 경우 스스로의 능력이나 성격을 불필요하게 의심하게 되기도 합니다.

현실을 있는 그대로 바라보는 것은
현실에 굴복하는 것과는 다릅니다

  생뚱맞게 느껴질 수도 있는 질문을 하나 하겠습니다. 민주씨는 세상이 정당하게 돌아가고 있다고 믿나요? 그렇지 않다면, 정당하지 못한 일이 나에게도 일어날 수 있다고 생각하나요? 저의 이 질문이 "세상은 원래 그런 거야. 몰랐어? 그냥 그러려니 하고 살아" 같은, 현재의 부당함을 합리화하는 기존의 메시지를 연상시킬 수도 있다는 걸 우려하면서도, 그 우려를 무릅쓰고 이렇게 물어봅니다. '세상은 공정하게 돌아가고 있다'라는, 세상이 어떻다는 전제 혹은 세계관(이하 세계관이라고 하겠습니다)과, '세상이 공정하게 돌아가기를 바란다'는 소망wish은 다르다는 것을 돌다리를 두드려보는 심정으로 새삼스럽게 확인한 뒤에 이야기를 풀어나가고 싶은 마음에서 이렇게 물었습니다. 어쩌면 민주씨는 ① '세상이 늘 정당하지는 않다는 것을 알고 있고 이 회사가 정당하지 않은 곳이라는 것도 알았지만 이렇게까지, 즉 승진에서까지 부당할 줄은 몰랐다'라고 대답할 수도 있고, ② '세상도, 이 회사도, 그리고 승진에서도 부당함이 존재하는 걸 알고는 있었지만, 이런 일을 겪지 않기를 바랐으며 막상 겪고 나니 괴롭다'라고 대답할 수도 있을 것 같습니다.

①은 '세계관'의 좌절입니다. 그리고 ②는 '소망'의 좌절입니다. 민주씨의 마음이 어느 쪽에 더 가까운지를 이번 기회에 꼭 한번 검토해보기 바랍니다. 만약 ①이라면 지금 민주씨가 새로 알게 된 현실을 일종의 '사실'fact로 취급한 뒤, 회사의 승진과 관련한 민주씨의 세계관을 수정해야 합니다. 민주씨는 이 영역에서까지 부당함이 적용되고 있는지를 '몰랐던' 것입니다. 이번에 '알게 되었음'을 마음에서 충분히 소화하면 좋겠습니다. 노파심에 말하자면, 이것은 아무 대처도 하지 말고 부당함을 수긍하라는 의미가 아닙니다. 현실을 있는 그대로 바라보는 것은 현실에 굴복하는 것과 다릅니다. 그저 내가 무엇을 모르고 있었고 무엇을 알게 되었는지를 정리하여 흡수하라는 뜻입니다.

물론 ① 세계관의 좌절이든 ② 소망의 좌절이든, 양쪽 다 분노와 무력감이 생기는 건 당연하고 자연스러운 일입니다. 그러나 우리는 반드시 ①을 거쳐 어떻게든 ②로 넘어가야만 합니다. ①에서 그대로 멈추어버리면 지금 눈앞에 벌어진 일을 건강하게 처리하지 못하고 자신에게 파괴적인 방향의 대처를 하게 될 가능성이 매우 높아집니다. 극단적인 예로, 기존의 세계관을 이어가기 위해 나도 모르게 '이건 정당하게 벌어진 일이고, 내가 대우받지 못한 건 순전히 내가 부족했기 때문'이라고 생각하게 되거나, 반대로 세계관이 너무 갑작스레 무너지며 '어차피 알아주지도 않는데 될 대로 되라지'라고 마음먹게 된다면 그건 자신에게 너무 속상한 일일 것입니다. 세계관의 좌절에서 온 분노를 건너 소망의 좌절에서 온 분노가 되었을 때, 비로소 우리는 그것을 우리 자신이 파괴되지 않은 채로 '다룰' 수가 있습니다. 소망은 꺾을 필요가 없습니다. 바람직한 세상을 마음껏 소망하고, 마음속에서 생생하게 그려보는 일은 우리를 살아 있게 하고 설레게 합니다. 그런 세상에 가까워지면 가까워질수록 좋을 것입니다.

마음처럼 잘되지 않아도 괜찮습니다
스크래치가 덜 나면 됩니다

이제 뭘 해야 할까요? 먼저 분노할 시간을 스스로에게 충분히 줍시다. 분노는 감정의 기본 요소입니다. 분노를 의식 수준에서 충분히 느끼고 인정해주지 않으면 이것은 의식 밑에서 더 변형되고 증폭되어 예상치 못한 순간에 우리를 잡아먹게 될지도 모릅니다. 물론 '화가 나는 것'과 '화를 내는 것'은 다릅니다. 둘을 구별하는 일은 어렵고, 그래서 많은 사람들이 '화를 내게' 될까봐 '화를 느끼는' 것 자체를 차단하기도 합니다. 그럼에도 불구하고 가능한 만큼 최대한 민주씨 자신의 감정에 머물러보면 좋겠습니다.

이 기간 동안 의욕이 떨어지는 것도 당연합니다. 업무 효율 역시 평소만큼 나오지 않을지도 모릅니다. 집중이 잘되지 않아도 되고, 불량한 음식을 좀 먹어줘도 괜찮습니다. 영구히 그렇게 있기를 권하는 건 아닙니다. 다만 너무 빨리 뚝딱 정신 차리고 업무에 팽팽하게 복귀해야 한다고 생각하지 않으면 좋겠습니다. 그렇게 하기도 어려울 뿐더러, 만일 그게 지나치게 잘된다면 지금 느끼는 좌절감, 분노, 무력감을 충분히 봐주지 않고 있을 가능성이 높습니다. 자신에 대한 목표를 무리해서 잡으면 반드시 생각만큼 잘 안 되게 되고, 그렇게 되면 자기비난으로 이어질 가능성이 높습니다. '나는 왜 이런 것도 털어내지 못하고 일에 지장을 받지?' 같은, 하지 않아도 되는 유의 공격을 스스로에게 하지 않으려면, 시간을 좀 줍시다.

그러면서 동시에 민주씨 자신을 현실에서 실제로 입은 손해 이상의 손해로부터 보호하는 시도 역시 했으면 합니다. 현실에서 실제로 입은 손해 이상의 손해란 무엇일까요? 극단적인 예를 들어보면 곧바로 사직서를 내버린다거나 나와 현저히 잘 맞지 않는 곳으로 급하게 이직해버리는 일 등이 있을 수 있습니다. 그 순간의 고통스러운 감정에 압도된 나를 지키려다가 통합적인 의미의 나를 지키지 못하는 상황이 되는 건 너무나 안타까운 일입니다. 그렇게 되지 않도록 주의를 기울이는 것이 바로 나를 보호하는 방법입니다.

스스로에게 차분히 말해주는 것만으로도 큰 도움이 됩니다. '보통 이럴 때 파괴적인 선택을 하기 쉬운데, 그러지 않기 위해 노력하자. 모든 일을 아예 놓아버린다거나, 동료나 상사에게 이유 없이 짜증 내는 행위 등으로부터 나를 보호하자. 저 사람들이 예뻐서가 아니라, 내가 소중해서 그런 거야.' 쉽게 열어볼 수 있는 휴대폰 메모장이나 포스트잇 같은 곳에 이런 내용을 암시하는 메시지를 적어 놓고 수시로 확인하세요. 혹시 마음처럼 잘 안 되어도 자신을 너무 공격하지는 말아주세요. 속상한 일을 겪고도 내 감정과 일상에 하나의 스크래치도 나면 안 된다고 생각하지는 말았으면 합니다. 스크래치가 '덜' 나면 됩니다.

소망을 간직한 채로 스스로를 지키며
앞으로 나아가기를 바랍니다

이제 내가 속한 곳에 대한 '환경 평가'를 세부적으로 해보았으면 합니다. 회사에서 내가 소속된 이 부서가 특히 문제인지, 이 회사가 다른 회사보다 상대적으로 더 여성에게 불리한 것인지, 아니면 이 회사를 벗어난다고 해도 업계의 특성 때문에 달라지기 어려운 부분인지, 현재의 환경에서 통제control 가능한 것과 아닌 것은 무엇인지, 그 과정에서 나는 어떤 욕구를 반드시 사수하고 싶고 어떤 욕구는 생각보다 덜 중요한지를 함께 훑어봐야 합니다. 예를 들면 '어디에서 좋은 성취를 거두는 게 나에게 제일 중요한가?'라는 질문에 대한 답은 부서일 수도, 회사일 수도, 업계일 수도 있습니다. '나는 지지적인 관계 안에 있는 게 중요한 사람이니 그런 환경을 가진 회사를 찾아보자' '사정이 더 나은 다른 회사에 자리가 나는지를 보면서 일단은 여기 있어야겠다' '다른 부서는 방침이 달라 부당한 일을 덜 겪을 것 같으니 부서 이동을 노리자' 등 나의 욕구가 향하는 곳이 어디인지를 계속 파악하는 시도를 했으면 합니다.

일이 이렇게 된 것이 내 탓은 아니지만, 생각하고 움직여야 하는 사람은 나입니다. 억울하더라도, 그렇습니다. 그렇기 때문에 추가로 어떻게든 지금의 '자기 자신'에게 소망하는 바를 글로 적어보기를 권합니다. 그리고 그런 자신에 대한 소망에 가까워지기 위한 시도를 해봅시다. 예를 들어보겠습니다.

- 스스로를 잘 먹이고 입히고 재워서 더 건강하고 강력한 상태로 만들고 싶다.
- 내가 나 자신을 다그치지 않으면 좋겠다.
- 승진 결과의 자세한 내용을 다시 확인하고, 내 의견을 합리적으로 주장하고 논쟁해보는 경험을 하고 싶다.
- 지금 하는 프로젝트를 너무 망쳐버리거나, 다른 사람들을 이유 없이 공격하지 않고 싶다.
- 나의 성과를 지금보다 제대로 인정받을 수 있는 환경을 탐색하고 싶다.

이렇게 내가 나에게 바랄 수 있는 것들의 예를 '해야

한다'가 아닌 '하고 싶다'로 표현해보았습니다. '해야 한다'라고 느끼면 지나친 의무감이 생기고, 마음이 너무 무거워지고, 그렇게 되지 못했을 때 자책으로 돌아올 확률이 높아지기 때문입니다. 여담으로, 이런 소망은 점점 더 먼 곳으로 나아갈 수도 있습니다.

- 세상의 정당하지 않은 정도를 줄이기 위해 기여하고 싶다(기부하기, 내 생각과 일치하는 단체나 모임 찾기, 비슷한 고충을 나누고 업무에 도움을 주고받을 수 있는 관련 업계의 여성 네트워크 만들기 등).

같은 것이 그 예입니다. 물론 이는 어디까지나 소망의 영역이며, 당위의 영역인 것은 아닙니다. 다만 앞으로 민주씨에게 비슷한 종류의 시련이 찾아왔을 때 "나는 내가 원하는 바를 위해 내가 통제할 수 있는 것을 찾아서 하고 있어"라고 스스로에게 말해줄 수 있다면 무력감에 압도되는 정도를 줄이는 데 도움이 될 것입니다.

부디 민주씨가 자신의 소망을 간직한 채로, 스스로를 잘 돌보고 지켜내면서 앞으로 나아갈 수 있기를 바랍니다.

『랩 걸』 호프 자런 지음, 알마 2017

과학자를 꿈꾸던 저자가 성장하고, 드디어 과학자가 되어 치열하게 연구하고, 각종 부조리한 상황에 처하기도 하고, 중요한 타인과 뜨겁게 교감하기도 하는 자전적 에세이입니다. 고난을 헤친 결과보다는 그 과정에서 드러나는 저자의 감정과 생각, 경험을 지켜보기를 권합니다.

Movie

「고스트버스터즈」 폴 파이그 감독, 2016

휴식을 취하면서 즐겁게 웃을 수 있기를 바라는 마음 하나만으로 이 영화를 추천할 이유는 충분한 것 같습니다. 초자연 현상 전문가, 물리학 박사, 무기 개발자 등이 뉴욕 한복판에 출현한 유령을 물리치기 위해 좌충우돌 의기투합하는 내용입니다. 우리가 답답해하는 종류의 현실은 마치 존재하지 않는다는 듯 시치미 떼는 이 영화를 즐겁게 감상해보면 좋겠습니다.

Music

「Roar」 Katy Perry

현실의 무게를 느끼고 있다면 현실을 있는 그대로 바라보는 동시에, 자신 안에 있는 힘을 계속 발견해나갔으면 하는 마음에서 골라보았어요. "넌 나를 짓눌렀지만, 나는 딛고 일어났어"(You held me down, but I got up) "난 이제 다 알아. 나는 호랑이의 눈을 가진 전사야"(I see it all, I see it now. I got the eye of the tiger, a fighter)라고 외치는 노랫소리가 삶의 전투력(치고받고 싸우라는 뜻은 아니지만) 상승에 조금이나마 도움이 되었으면 합니다.

최애를 계속
좋아해도 될까요?

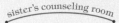

　　청소년기에도, 20대에도 하지 않았던 아이돌 덕질을 하게 된 30대 후반 여성입니다. 덕질이 즐겁고 행복한 한편으로 심란하기도 해서 편지를 보냅니다. 아이돌 덕질에 제가 편견을 가진 건지, 덕질이 건강한 취미생활이라는 생각이 들지 않아요.

　　연애를 하지 않고 있고 나이가 들수록 친구관계도 점점 좁아져가고 코로나19 이후로 인간관계의 폭이 더욱 좁아진 상황이라 그런지, 제 감정의 영역에서 아이돌이 차지하는 비중이 점점 늘어나고 있습니다. 제 현실 세계와 관계없는 무대 위, 화면 속의 존재를 사랑하고, 아이돌의 상황에 따라 감정이 요동치고, 아이돌의 과거와 현재 활동을 따라

잡느라 시간과 에너지를 쓰는 것이 무용하고 어리석은 일이라 느껴집니다.

아이돌과의 관계는(관계라고 할 만한 것도 없지만) 허상에 불과하다는 것을 알고 있습니다. 현실의 사람들에게 에너지를 더 쏟아야 할 것 같은데, 그러지 못하고 있다는 생각이 들면 마음이 불안하고 초조해집니다. 가끔 소개팅 등을 통해 현실의 남자를 만날 때가 있는데 당연히 완벽하게 포장된 아이돌에 비하면 부족함이나 한계가 많은 한명의 인간일 수밖에 없음을 알면서도, 그저 그런 현실 남자보다 완벽한 가상의 아이돌이 나에게 더 확실한 행복감을 준다고 생각하기도 합니다. 그런 상태가 굉장히 위험하게 느껴지기도 하지만 어떻게 벗어나야 할지 잘 모르겠습니다.

또한 덕질의 주요한 부분이 아이돌의 무대나 영상을 감상하는 것인데요. 춤추는 모습 등을 나노 단위로 쪼개서 감상하고 또 감상하는 것이 즐겁기도 한 한편 죄책감을 유발하기도 합니다. 완벽하게 가꾸어지고 관리된 아이돌의 외모(얼굴, 의상, 춤, 몸 등)를 집요하게 바라보고 감상하는 일은 외모지상주의나 타인을 성적대상화하는 것에 기본적으로 반대하는 입장을 가진 저로서는 불편한 마음을 늘 수반할 수밖에 없습니다. 덕질과 페미니즘은 조화를 이루는 것이 불가능하게 느껴지고, 저 자신의 이러한 괴리나 부조화에 실망하거나 자기분열적인 감정에 빠지게 됩니다. 아름다운 외모를 바라보고 좋아하는 것이 죄책감을 느낄 일인지 합리화하는 생각을 할 때도 있고요.

행복한 덕질이 가능할까요? 덕질은 근본적으로 허상이므로 그만두는 게 나을까요? 분명한 답을 쉽게 내리기 어렵겠지만 제 상황과 관련해 조언을 듣고 싶습니다.

지원씨에게

지원씨의 '최애'가 누구인지 궁금해하는 마음으로 편지를 읽었습니다. 저는 상담 때 아이돌 덕질 관련 주제가 나오면 보통은 그 대상을 물어보는데요. 많은 사람 중에 왜 하필 그 사람이 제일 마음에 들어왔는지, 어떤 점에 가장 끌리는지 등 여러가지를 궁금해하는 편이에요. 누군가가 가장 애정을 쏟고 있는 대상을 이해하는 것만큼 그 사람에 대한 이해에 귀한 단서를 제공해주는 건 없다고 생각하기 때문입니다.

지원씨가 고민을 담아 이렇게 편지를 보낸 것을 알지만, 제가 그간 목격해온 덕질의 다행스러운 면에 대해 몇 줄만 먼저 이야기해볼까 합니다. '이 아이돌이 있어줘서 다행이다'라는 생각이 들 때도 있을 정도로, 저는 정말 많은 사람들이 덕질을 통해 살아갈 힘과 활력을 얻는 것을 보았습니다. 평생의 짐이 될 것만 같았던 괴로움이 최애를 알고 나서는 아무렇지도 않아지고, 최애에게 부끄럽지 않은 사람이 되고자 하고, 최애가 피나게 노력하며 좌절에도 의연해하는 모습을 보면서 자신도 그런 태도를 지니고 싶다고 마음먹고, 우울함의 늪에 있다가도 컴백 때만큼은 반짝이는 기쁨을 느끼고…

물론 리스크도 있습니다. 최애가 잘 안 풀릴 때, 사건 사고에 연루될 때는 한없이 기분이 추락하거나 죽고 싶은 생각마저 올라오는 일도 목격합니다. 누군가를 일으킬 수 있는 것은 쓰러뜨릴 수도 있다는 점을 잊지 않는 건 중요합니다. 그런데 또 인상적인 점은, 일으키는 정도와 쓰러뜨리는 정도가 늘 비례하지는 않는다는 것입니다. 무슨 뜻이냐고요?

현실에서 느끼는 불안함은
나아갈 준비가 되었음을 의미하기도 합니다

무기력함에 빠져 고민이라며 편지를 보냈던 예지씨에

게 제가 자신만의 '이행기 대상'을 만들어보자는 답장을 드리면서(12면 「무기력함을 어떻게 견뎌야 할까요?」 참조) 아이돌 덕질을 예로 들었어요. 이행기 대상은 '이행기'라는 말의 뜻처럼, 영원히 거기에만 머무르는 게 아니라 그것을 딛거나 품은 채로 세상과 더 안전하게 연결될 수 있도록 도와주는 대상입니다. 즉 활력, 기쁨, 용기를 얻는 데 큰 도움을 주지만, 그렇다고 해서 그 대상이 사라지거나 파괴될 때 꼭 그만큼의 크기만큼 후퇴하는 건 아니라는 뜻입니다. 이미 이행기 대상이 나에게 준 것은 내 안으로 흡수되고 나는 성장한 것이거든요(성장은 누구나 평생에 걸쳐서 합니다).

제가 느끼기에 지원씨의 덕질은 안전함과 기쁨을 주는 이행기 대상이에요(누군가에게는 덕질이 꼭 이행기 대상이 아닐 수도 있다는 뜻입니다). 이것은 아무런 문제가 되지 않고 오히려 도움이 될 수 있어요. 문제는 그다음입니다. 이행기 대상은 어디까지나 현실을 잘 살아가기 위한 역할을 수행하는 데 머물러야 하는데, 즉 덕생(환상의 세계)이 현생(현실 세계)을 위한 다리가 되어야 하는데, 지금은 반대의 상황이 되려는 거죠.

너무나 다행히도 지원씨는 이미 그것을 느끼고 있고

요. 무엇이 자신에게 위험하게 작용하고 있는지도, 스스로 조절이 필요한 상태라는 것도 알고 있습니다. 그러니 이미 절반은 이룬 셈입니다. 더 갈 길이 먼 경우는 현생이 덕생에, 즉 현실이 환상에, 삶이 이행기 대상에 잡아먹힐 수도 있다는 사실을 인정하지 않는 경우입니다. 지원씨가 자신의 상황을 자각하고 있는 만큼 불안함도 크겠지만, 그것은 지원씨가 앞으로 나아갈 준비가 되었음을 의미하기도 합니다. 그러니 너무 걱정 마세요.

이제 덕질을 하며 느끼는 죄책감에 대해 이야기해볼게요. '덕질하는 나'와 '페미니즘을 수행하는 나'의 공존은 정말 어려운 문제이긴 합니다. 다양한 관련 연구들이 있을 정도니까요. 지원씨가 언급한 외모지상주의 및 성적대상화 문제는 물론, 그밖에도 여성혐오 가사를 쓰는 최애를 어떻게 바라볼 것인지, 아이돌을 위해 희생하고 헌신하는 행위가 기존의 성역할을 답습하는 것은 아닌지, 여성 아이돌에 대한 지나친 조리돌림과 낙인에는 문제가 없는지… 등등 여러 어려운 주제들이 있을 것입니다.

지원씨는 이 가운데에서 끊임없이 내적 갈등을 겪고 있는, 그냥 지나치려 하지 않는 사람입니다. 또한 지원씨는 무언가의 속성을 하나로만 단정 짓지 않는 사람, 즉 무조건 좋거나 혹은 무조건 나쁘다고만 보지 않고 여러면을 볼 수 있는 사람이기 때문에 갈등하는 것입니다. 저는 지원씨가 내적 갈등을 겪는 자신을 가치 있게 여기면서, 모순을 끌어안은 채로 지내보면 좋겠습니다. 갈등하고 있다는 사실만으로 퉁치고 멈추라는 뜻이 아닙니다. 다만 모순을 안에 담고 있다는 건 성숙의 척도이지 빨리 척결해야 하는 신호가 아님을 마음 깊이 받아들였으면 좋겠다는 뜻입니다. 단단한 자아일수록 양가적인 현실과 죄책감이 주는 고통을 품고 있을 수 있습니다. 의식에서 내적 갈등을 겪고 있는 지원씨는 그 쉽지 않은 일을 하고 있는 것입니다.

욕망의 존재 자체는
이상한 일이 아닙니다

외모지상주의와 성적대상화에 대해 잠시 이야기해보겠습니다. 지원씨가 외모지상주의와 성적대상화를 반대하는 이유는 무엇인가요? 이 편지에서 지원씨의 생각을 완전히 다 알아낼 수는 없지만, 우리가 무언가를 비판할 때는 구체적으로 무엇을 비판하는 것인지를 파악할 필요가 있기 때문에 물었습니다. 꼭 한번 생각해보면 좋겠습니다.

외모지상주의에 대해 먼저 말하자면, 사실 저는 아이돌은 현대 사회의 모든 전문성과 자본과 기술과 트렌드가 응축된 결정체라고 느낄 때가 있습니다. 마치 올림픽 경기에서 최첨단 기술과 훈련과 자본이 투입되어 나오는 최고의 퍼포먼스를 볼 때의 느낌이라고나 할까요? 그것에 담긴 윤리적인 딜레마와는 별개로, 그리고 나의 욕망이 외부로부터 내면화된 것일 가능성과도 별개로, 그 자체에 일단 감탄이 나오는 건 이상한 일이 아닙니다. 아름다운 물건이든 사람이든 퍼포먼스든 한번 더 눈길이 가는 것, 나도 모르게 입이 벌어지고 흥분하게 되는 것은 본능적인 반응입니다. 일단 그 이야기를 하나 하고 싶었고요. 또 하나는요, 누군가에게 로맨틱하거나 성적인 끌림을 느끼는 요인에 압도적으로 외모가 중요한 사람도 많습니다. 외양이 멋지지 않으면 사랑에 빠지기 어려운 사람이 있을 수 있습니다.

외모지상주의에 대한 비판은 아름다움에 경탄하거나 아름다움이 끌림의 최우선 순위인 누군가를 향하는 것이 아니라, 아름다움에 대한 획일화된 기준을 강요하거나, 외모로 그 사람의 모든 가치를 확언하고 그것으로 계급을 나누면서 타인과 스스로에 대한 억압을 강화하는 행위를 향해야 한다고 생각합니다.

성적대상화로 가봅시다. 우리가 환상이나 현실의 대상에게서 성적인 매력을 느끼는 일은 아무런 문제가 되지 않습니다. 또한 성적 끌림 자체는 원래 어느 정도 대상화의 요소를 가질 수밖에 없기도 합니다. 이와 달리 한 사람을 오로지 성적인 요소로만 이루어진 물건으로 취급하는 행위가 성적대상화에 대한 비판의 핵심이라고 할 수 있습니다. 지원씨가 아이돌에게 끌림을 느끼는 것은 그냥 그 자체로는 탓할 것 없는 마음 안에서의 현상입니다. 이것이 아무런 성찰 없이 지내도 된다는 것과는 다른 뜻이지만요. 그리고 하나만 더 말하자면, 우리의 다양한 환상 속 욕망, 특히 성적 욕망은 사실 많은 경우 꽤 비윤리적이면서 그다지 아름답지 않습니다. 때로는 잔인한 형태이기도 합니다. 그러한 욕망의 존재 자체는 현실에서 그대로 실천하지 않는 한 이상한 일이 아닙니다.

외모지상주의와 성적대상화에 대해 제가 말한 부정적 측면을 지원씨가 지니고 있다는 생각이 들어도 괜찮습니다. 상대에게 직접적인 영향을 주는 행위(모욕적이고 선정적인 요구를 하는 등)가 아닌 자신만의 생각과 감정, 행위라면 그것은 그것대로 시간을 두고 차분히 들여다보면 됩니다.

스스로의 욕망과 결핍에
호기심을 가져보세요

이제부터 제안을 몇가지 할게요. 아이돌을 좋아하는 '나'를 끈질긴 호기심을 지니고 탐구해봅시다. 예를 들어 제가 내담자에게 드린다는 질문처럼 '나의 최애는 왜 ○○인가?' '나는 ○○의 무엇에 끌리는가?' '잘 가꾸어진 외모 중에서도 특히 어떤 점이 나에게 어필하는가?' '○○은 나의 무엇을 채워주는가?' 등을 물으며 스스로의 욕망과 결핍에 호기심을 계속 가져보기를 권합니다.

그러면서 더 나아가 자신의 가치관에 대해서도 계속 질문하는 겁니다. '나는 사실 사람을 볼 때 외모가 중요한 사람인데, 스스로를 그런 사람이라고 느끼는 게 불편해서 그 사실을 부정해왔나?' 아니면 '나는 아이돌을 통해 아름다움에 대한 욕망을 해소하지만, 막상 현실에서 사람을 판단할 때는 다른 지점들이 더 중요한 사람인가?' 같은 질문들을 통해 스스로가 어떤 사람인지를 계속해서 알아나 갔으면 합니다.

그다음 지원씨 자신이 하는 덕질 중 죄책감을 막연히 느끼는 행위가 아닌, 스스로가 하지 않아야 할 이유를 명확히 알고 있는, 그러면서 비교적 쉽게 이별 가능한 행위 위주로만 이별해보기를 택합시다. 예를 들어 '아이돌 당사자가 원치 않게 몰래 찍힌 사진이나 영상은 소비하지 않겠다' 같은 자신만의 기준을 마련해보는 것이지요. 무대나 뮤직비디오는 대중에게 보여주기 위한 작품이기 때문에 일단 감상할 때만큼은 즐겁게 보면 좋겠어요. 물론 보여주는 작품이라고 해서 폭력적으로 소비해도 된다는 의미는 아니지만요.

지금처럼 일단 나노 단위로 감상하고, 즐거운 감상의 시간이 끝난 후엔 '나는 무엇에 그토록 빨려드는지'를 스스로에게 물어봐주세요. 그러다보면 지원씨 자신이 계속 가지고 가고 싶은 것과, 굳이 너무 집착할 필요 없겠다고 느껴지는 것들이 조금씩 구별될 겁니다.

갈등하는 자신을 사랑하면서
계속해서 걸어나가기를 기원합니다

자, 이제 현생이 잠식당하는 것에 대한 고민으로 갈게요. 다행히도 지원씨는 제가 더 말씀드릴 필요가 없을 정도로 현재 자신에게 무엇이 위협인지를 잘 알고 있습니다. 이런 자각을 하는 자기 자신과 협상을 시작해보면 좋겠습니다. 다그침이 아니라 협상입니다. 물론 어렵죠. 어떻게 벗어나야 할지 모르겠다고 했을 만큼요. 그럴수록 더더욱 "벗어나야 한다!"라는 슬로건을 내세우기보다는 자신을 살살 꼬드기는 전략이 중요합니다. 어떤 목표를 향할 때 무작정 "인내!" "극기!"를 외치다보면 거의 100퍼센트 망합니다.

전략은 간단해요. '현생으로 물타기'라고 이름 지어보았는데요. 현생의 시간 비율을 늘려보세요. 예를 들면 '현생 두시간 보내면 덕질 한시간 가능', 이런 식으로요(비율은 현재 상황에 맞추어 짜보세요). '일주일에 한번은 모임에 나간다' '덕질하던 시간 중 일주일에 두시간은 다른 취미를 즐긴다' 같은 것도 될 수 있어요.

처음 시도할 때는 현실의 사람은 지원씨를 반드시 실

망시킨다는 점에서, 그 사람 역시 지원씨에게 실망할 수 있다는 점에서, 그리고 그 사람이 지원씨를 평가할 수도, 거절할 수도 있다는 점에서 환상에 비해 안전하지 못하다고 느껴질 겁니다. 그것이 지원씨가 현재 상황에 처해 있는 중요한 이유이기도 하고요. 그렇기에 처음에는 덕질을 보상으로 부여하며 달래는 방식으로, 그리고 벗어나고 싶다고까지 마음먹은 자신을 격려하는 방식으로 시작해봅시다. 그러다보면 어느새 현생이 '내가 염려했던 것만큼까지' 최악은 아니라는 걸 느낄 수 있을 겁니다.

이제 글을 마무리하면서 지원씨에게 무언가를 기원하고 싶은데요. "최애가 꽃길만 걷길!"이라고 바라는 것은 이 글의 취지와도, 지원씨의 의도와도 맞지 않는 것 같고요(물론 잘되면 좋지만요). 그저 '갈등하는 자신'을 사랑하면서, 계속해서 걸어나가기를 기원하겠습니다.

『환상통』 이희주 지음, 문학동네 2016

한 아이돌 그룹 멤버의 팬인 m과 만옥, 그리고 만옥을 짝사랑하는 남자의 시선으로 전개되는 소설입니다. 최애를 향한 치열하고 절절한 이들의 어떤 마음에는 누구보다 공감할 수도, 또 어떤 마음에는 거리감을 느낄지도 모르겠습니다. 그들을 통해 여러분 각자의 마음은 어떤 모양을 하고 있는지 더 알아가는 기회가 되기를 바랍니다.

Book

「메이의 새빨간 비밀」 도미 시 감독, 2022

아이돌 '포타운'의 열렬한 팬인 열세살 소녀 메이는 흥분하면 거대한 너구리판다로 변합니다. 메이가 이 위기를 어떻게 통과하고 성장하는지, 그리고 '포타운'은 메이의 성장에 어떤 역할을 하고 어떻게 환상과 현실을 이어주는지를 즐겁게 지켜보면 좋겠습니다.

Movie

「Celebrity」 아이유

가수 아이유는 이 곡을 '어느 별난 사람'을 떠올리며 쓰기 시작했지만 어느새 그 자신, 그리고 나아가 우리 모두에 대한 이야기임을 깨달았다고 말합니다. 별 같은 사람을 좋아하는 당신은, 어떤 사람인가요?

Music

사별의 슬픔으로
마음이 흔들려요

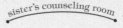

　세상에서 가장 사랑하는 할머니가 돌아가셨습니다. 잘 버티고 있다고 생각했는데 점차 속에서 무너지는 기분이 들어요. 어떻게 해야 제 마음을 달래고 추스를 수 있을까요? 애초에 극복 가능한 일이기는 한 걸까요?

　할머니는 제가 정서적으로 가장 많이 의지했고, 세상에서 제일 큰 사랑을 주신 분인데 더이상 그런 사랑을 주고받지 못한다는 게 너무 힘듭니다. 할머니가 제게 주었던 형태의 사랑을 스스로에게 주면 덜 힘들어질 거라고 머리로는 이해를 하는데… 타인에게 마음을 표현하는 것에도 인색하고 스스로의 마음을 어떻게 돌봐야 하는지를 잘 모르는 사람이라 너무 어렵네요.

생각만 해도 눈물이 뚝뚝 떨어질 것 같아 되도록 할머니 생각을 하지 않으려고 애쓰게 돼요. 현실에서 해야 할 일들만으로 이미 너무 버겁거든요. 할머니에겐 힘들 때 힘들다고 투정 부리고 기댈 수 있었고, "그래도 해야지, 우리 강아지는 잘할 수 있을 거야"라는 말을 들으면 힘이 났었는데, 지금은 힘듦을 토로하고 위로받을 곳이 없네요. 모두 다 힘들게 버티고 있다는 걸 알아서 주변 사람들에게 말하는 것도 망설이고 주저하다가 결국 안 하게 돼요. 친구들은 너무 바쁘고, 가족들 앞에서는 우는 모습을 보이기 싫고…

부모님은 저와 남동생을 차별 없이 길렀다고 하지만, 저는 자라면서 '남동생은 아들이니까, 남자애니까'라며 이루어지는 사소한 차별들을 많이 받았습니다. 그런 저에게 할머니는 아무 조건 없이, 잘잘못을 따지지 않고 동생보다도 제 편을 들어주셨던 유일한 사람이었어요. 어릴 때는 부모님과 함께 양육자 역할도 하셨고요. 엄마한테 혼나서 매를 맞을 때도 제 편을 들어주셨고, 우는 저를 데리고 나가 맛있는 걸 사주며 달래주기도 하셨고요. 할머니와 함께했던 유년기 기억이 많이 남아 있어요.

저는 뭐든 잘해내야 한다는 압박감을 늘 달고 살아서 준비가 완벽하게 되지 않으면 시작조차 안 하려는 편이었는데, 그렇게 살다보니 실패조차 남지 않은 삶이라는 생각에 언제부터인가 '죽이 되든 밥이 되든 일단 하면 뭐라도 남는다'라는 마음으로 이것저것 최대한 도전해보려 하고 있어요. 타인에게도, 저 자신에게도 잣대를 너무 엄격하게 들이대지 않으려 노력해요.

낯을 많이 가리고, 초반에 경계심이 강해서 새로운 사람을 사귀는 데 어려움을 느끼는 편입니다. 절친하다고 할 만한 친구들은 오래 꾸준히 연락하고 지내는 소수에 불과해요. 사람들을 두루 사귀어봐야겠다는 생각이 들다가도 낯선 사람들을 만나고 오면 녹초가 되어버리는 탓에 쉽게 도전하지는 못하고 있어요.

연애도 몇번 해보았는데 연애 상대가 남들보다 좀더 좋을 뿐 이 사람을 사랑해서 만난다는 느낌이 든 적은 없었어요. 뭐가 사랑인지도 잘 모르겠고… 할머니가 제게 쏟아주셨던 형태의 사랑을 다른 사람과도 나눌 수 있을까요? 할머니한테는 잘만 부리던 애교와 장난은 다른 사람들에게는 도저히 시도할 엄두가 안 나네요. 내 목숨줄이라도 뚝 잘라서 내어주고 싶을 정도로 사랑하는 사람이 앞으로 나타날 가능성이 있을까요? 정서적으로 완전히 기대어 제 마음을 편하게 해줄 사람이 있을까요? 아니, 그런 사람이 있다 하더라도 제가 온전히 기댈 수 있을까요?

혜원씨에게

하늘만큼 사랑이 컸던 할머님으로부터 혜원씨가 얼마나 많은 사랑과 애정을 받았을까요. 아마 다 가늠할 수 없을 정도겠지요. 그런 할머니를 떠나보낸 혜원씨의 아프고 무너지는 심정 역시 제가 함부로 말하기 어려운 마음일 것입니다. 혜원씨의 편지에 답장을 쓰기까지 고민이 많았습니다. 글자 그대로의 상실을 겪은 혜원씨에게 어떤 답장도 불충분하지는 않을까 염려되었기 때문입니다. 게다가 사람마다 애도의 감정은 그 결이 모두 다르기도 하고요. 그 어떤 말이 과연 혜원씨를 온전히 위로할 수 있을까요.

하지만 쓰기로 마음먹었습니다. 누구나 언젠가는 자신에게 중요한 존재와의 이별을 맞이할 수 있기에, 그리고 가까운 이에게 털어놓지 못한 혜원씨의 마음을 저를 포함한 많은 사람들이 읽고, 바쁜 일상 속에서 잠시나마 할머니를 기리고 혜원씨를 응원하는 마음을 갖기를 바라기에 답장을 쓰기로 결정했어요.

혜원씨에게 할머니는 심리적 측면에서 거의 주양육자의 위치에 있었던 듯해요. 동생과의 차별 등으로 상처를 입었을 때 그 마음을 달래주었던 할머니의 존재는 귀하고 특별해 보입니다. 이건 속상한 일이 맞다는 공감과, 혜원씨는 이런 일을 당해도 싼 사람이 아니라는 확인, 그리고 무척 속상한 일은 맞지만 혜원씨가 정말로 어떻게 되는 것은 아니라는, 즉 안전하다는 믿음… 할머니는 이 모든 것들을 주었던 분이었던 것 같습니다. 할머니께 받은 것들은 혜원씨 삶에서 자신도 모르는 내적인 힘이 되어주었을 것이 분명합니다.

이렇게 큰 존재였던 할머니를 떠나보낸 뒤 버티느라 정말 많은 애를 써왔을 거예요. 할머니가 떠났다는 믿기 어려운 일을 현실로 받아들이기까지도 많이 힘들었을 거고요. 어쩌면 지금도 믿기 어려운 마음이 문득 들 때가 있을지도 모릅니다.

마음이 아플지언정
정말로 소멸되지는 않을 겁니다

혜원씨는 지금 계속해서 고통을 처리해나가는 동시에, 할머니가 안 계신 새로운 세상에 적응해나가는 과정의 한가운데에 있는 것 같아요. 이 과정에서는 많은 경우 삶 자체에 대한 회의감, 누군가를 새롭게 사랑하는 일이 불가능하다는 느낌, 고인과 겪었던 감정 이외의 감정은 큰 의미가 없다는 느낌이 들 수 있습니다. 혜원씨 역시 할머니와의 이별 후 관계와 사랑에 대해 고민하고 있고요. 편안히 서로의 속마음을 터놓을 수 있는 관계를 향한 갈망과 두려움이 동시에 있는 것 같아요.

혜원씨의 경우는 이러한 종류의 고민이 원래 어느 정도 있었고, 할머니의 죽음으로 인해 그 농도가 더 짙어진 것으로 보입니다. 친밀함에 도달하는 과정에 필연적으로 동반되는 서로에 대한 거절과 실망, 불안정성에 대한 두려움이 혜원씨의 주요 테마 중 하나였던 것 같아요(이미 이 점을 혜원씨가 충분히 알고 있는 것 같고요).

혜원씨가 가진 내적인 힘의 뿌리라고 생각될 만큼 할머니와의 사랑이 너무나 귀하고 특별한 것은 맞습니다.

그래서 그 사랑과 견주어볼 때 혜원씨가 다른 사람에게 품게 되는 마음도, 그리고 상대가 혜원씨에게 베푸는 마음도 다 무언가 불완전하고 안전하지 못하다는 느낌이 들 수 있어요.

만약 혜원씨가 저에게, 할머니와 주고받았던 사랑을 꼭 맞게 대체할 수 있는 사람이 있을지를 묻는다면 저는 확답을 드리지 못할 겁니다. 그러나 혜원씨가 관계에 손을 내미는 시도를 완전히 포기하지만 않는다면 기쁨과 편안함을 느끼는 견고한 관계를 만들 수 있다는 것만큼은 분명하게 말씀드릴 수 있습니다. 할머니와의 방식과 꼭 같지 않아도 돼요. 그래도 충분히 서로 사랑할 수 있고, 하나씩 쌓아올릴 수 있고, 열심히 서로 맞추려 노력하다가 헤어질 수도 있습니다. 어떤 관계는 반드시 실망을 줄 것이고, 그때마다 무척 아플 겁니다. 그러나 아플지언정 혜원씨가 정말로 소멸되지는 않을 것입니다. 그러니 절대 서두르지는 않되, 혜원씨가 삶에서 실패를 품어보기로 결심했던 것처럼 관계에서도 실망하고 실망시키는 경험을 품어보기로 (지금 바로 실천하지는 않더라도) 마음먹길 바랍니다.

오래전 어느 순간부터
서로의 마음속에 있었던 사랑

할머니는 이제 세상에는 부재하면서 혜원씨에게는 존재하는 사람입니다. 이 세상에 존재하지는 않지만 할머니가 혜원씨에게 주었던 사랑은 그 어디로도 가지 않고 혜원씨 안에 아주 견고하게 남아 있다는 뜻입니다. 그리고 혜원씨가 살아 있는 한 할머니와의 내적 관계는 계속된다는 뜻입니다. 사실 할머니가 돌아가시기 전까지 내내 같이 있지 않아도 그 사랑과 격려는 혜원씨의 마음 안에 있었습니다. 그랬기에 바로 옆에 계시지 않을 때도 할머니를 떠올리며 힘을 낼 수가 있었고요. 격려의 말을 매순간 계속해서 듣지 않아도, 이전에 들었던 격려의 말을 떠올리며 스스로를 위로하고 믿을 수 있었던 것입니다. 할머니가 이 세상에 없는 것은 너무나 슬픈 일이지만, 오래전 어느 순간부터는 이미 그 사랑을 서로의 마음속 공간에 데리고 있었던 셈입니다. 이 사실을 꼭 반복적으로 스스로에게 말해주었으면 합니다.

당연한 말이지만 할머니를 점점 잊을 필요도 없습니다. 할머니를 위한 마음 안의 공간을 잘 마련하고 그것을 느끼면 됩니다. 그렇게 하여 최종적으로는 '할머니가 세상에 없어도 나의 삶이 행복하고 만족스러울 수 있다는 사실'을 천천히 이해해나가면 좋겠습니다.

할머니와 계속 내적으로 관계를 이어가는 방식은 무엇일까요? 혜원씨가 머리로 알고 있다고 한 '할머니가 나에게 주었던 형태의 사랑을 나 스스로에게 주는 것'은 마치 영화의 결말 같은 중요한 결론이에요. 다만 이미 힘든 혜원씨에게 이렇게 말씀드리기 너무 미안하지만, 그 결말에 도달하기 위해서는 어느 정도의 시간이 반드시 걸릴 수밖에 없습니다. 얼마나 걸릴지는 사람마다 많이 다르고요. 그러나 결말 직전까지 100만큼 괴롭다가 마지막 순간 비로소 0이 되는 방식은 아닙니다. 어느 날 문득 '그러고 보니 요즘엔 힘들다는 느낌이 별로 안 드네'라는 생각이 드는 순간이 점점 많아지는 방식일 것입니다.

그래서 혜원씨에게 지금 제일 권하고 싶은 건, 길지만 그 기간 내내 똑같은 강도로 괴로운 것만은 아닌 여정이 있을 거라 다독이며 스스로에게 좀더 시간을 주는 일이에요. 모든 괴로움을 이른 시일 안에 소화해야 한다는 부담을 너무 갖지는 말아주세요.

다만 큰일을 겪은 사람으로서 스스로에게 숨 돌릴 틈

을 좀 주고 있는지를 살펴볼 필요는 있을 것 같아요. 제가 보기에 혜원씨는 어떤 목표를 스스로에게 주면 꼭 해내야 하는 사람 같거든요. 이러한 특성은 성취에 기여하지만 한편으로는 큰일로 마음이 흔들릴 때조차 똑같은 성취를 빈틈없이 해내야 한다는 마음으로 이어지기도 해요. 혹시라도 그렇지 않은지를 한번 점검해본 후, 정말 필요하다고 생각되는 중요한 일정 외에 휴식할 수 있는 시간을 반드시 마련해주세요.

즉 평소 생활할 때는 루틴에 집중하되 자신만의 충분한 시간을 적어도 일주일에 한번 이상 마련하고, 그때는 할머니와 관련한 생각과 감정을 갖는 걸 스스로에게 허용해보았으면 해요. 관련된 기억을 적어보거나, 그저 할머니를 떠올리며 음악을 듣거나 영화를 보는 것도 괜찮고요. 그렇게 하면 평소에는 생각하지 않으려고 마음껏 애쓰다가, 자신이 설정한 시간에는 할머니를 안전하게 떠올리면서 애도하는 장기적인 작업을 이어갈 수 있거든요. 그리고 이렇게 자신만의 의례적인 행위를 하는 것 자체가 애도에 무척 도움이 됩니다. 물론 그 시간이 끝난 뒤 스위치 끄듯이 아주 깨끗하게 빠져나오지는 못하겠지만, 감정의 김을 이렇게 조금씩이라도 빼주면 평소의 생활도 더 안정적으로 이어나갈 수 있을 것입니다.

그리고 할머니를 기억하는 자신만의 물건을 가져보면 좋겠습니다. 스스로 의미를 부여한 물건(목걸이 등)을 마련하거나 할머니가 쓰시던 물건 중 하나를 선택할 수도 있겠지요. 부재하는 존재로서의 할머니를, 보고 만질 수 있는 물질의 형태로 지니거나 간직하는 일은 혜원씨에게 더 구체적인 위안을 줄 수 있습니다.

우리가 살아서 움직이는 이상
견딜 만해지는 때가 분명히 옵니다

낯선 사람을 만나보는 도전을 하는 것은 장기적으로는 필요하지만, 지금은 할머니를 애도하는 것과 현실의 일들을 헤쳐나가는 것만으로도 이미 큰 에너지가 들어가는 상황이에요. 그러니 너무 무리해서 의무감을 느끼고 부딪치지는 않으면 좋겠고요. 그보다는 오히려, 익숙한 사람(혜원씨가 감정을 털어놓을지 말지 망설였던 대상)에게 할머니와 관련한 마음을 표현해보았으면 해요. 어렵게 꺼내는 이야기이므로 상대의 반응이 신경 쓰일 수도 있어요. 그러나 가까운 이에게 말해보는 과정 자체가 할머니에 대한 혜원씨의 마음을 추스르는 데 도움이 될 것입니다. 폐를 끼칠까봐, 그리고 상대의 반응에 상처를 받을까봐 두려워했던 것에 비해 따뜻한 반응을 접할 가능성이 훨씬 크고요.

만약 다들 삶이 팍팍한 나머지 기대한 반응을 보이지 않더라도, 이 일 하나 때문에 멀어지지는 않을 거예요. 서운하고 미안한 마음 같은 것들을 주고받는 가운데에서도 관계는 이어진다는 사실, 타인과 꼭 좋은 것만 공유할 필요는 없다는 사실을 경험해보았으면 해요. 이미 친숙한 존재와의 관계를 더 풍요롭게 만드는 시도가, 사랑과 애정에 대한 혜원씨의 고민을 풀어가는 가장 우선적인 방법이 되었으면 합니다. 그리고 아마도 할머니께서는, 혜원씨가 가까운 사람에게 감정을 표현하고 위로받으면 '잘했다', 혹시라도 상대에게 서운했다면 그건 그것대로 '애썼다'라고 말씀하시지 않을까 감히 생각해봅니다.

할머니와 이별한 일이 극복 가능하기는 할지 혜원씨가 물었어요. 만약 그 극복이라는 것이, 할머니께서 살아 계실 때의 내 마음을 그대로 복원하는 것이라면 불가능하다고 말씀드릴 수밖에 없습니다. 슬픔이 완전히 사라질 수 있는 것이냐고 한다면 그것도 불가능할 겁니다.

다만 혜원씨가 살아서 움직이는 이상, 그 슬픔이 점차 견딜 만해지는 때는 분명히 옵니다. 그리고 나중에는 할머니와의 기억이 갑자기 소환되어도, 지금처럼 무너질까봐 두려워 억누르는 행위를 하지 않아도 되는 순간이 올 거예요. 반가움과 슬픔, 그리움이 함께 뒤섞인, 결국 전체적으로는 괜찮은 마음으로 그 기억을 맞이할 수 있을 것입니다. 그리고 마음속 공간에 존재하는 할머니와 계속 단단한 관계를 이어가면서 세상 속의 또다른 이들과도 사랑을 주고받을 수 있을 거예요. 그것이 만약 극복이라면, 혜원씨는 극복할 수 있습니다.

할머니의 명복을 빕니다. 그리고 혜원씨가 점차 친밀함 안에서 편안함을 느낄 수 있기를 기원합니다.

『**밝은 밤**』 최은영 지음, 문학동네 2021

4대를 관통하는 여성들의 삶과 감정을 담은 장편소설이에요. 그들의 삶은 서로 아주 많이 다르기도 하고, 어떤 면에서는 닮아 있기도 합니다. 자신만의 일상을 살아가다가 여유 시간이 생겼을 때 한번 펼쳐보면 좋겠습니다.

「**심플 라이프**」 허안화 감독, 2011

돌보는 이와 돌봄받는 이가 결국은 서로를 돌보며 사랑을 경험하는 영화입니다. 이 영화도 역시, 슬픔이라는 감정에 좀더 들어가봐도 괜찮다는 느낌이 들 때 감상해보기를 권합니다.

「**Change**」 Big Thief

거대한 시간의 흐름에 자신을 맡기면서 (다양한 종류의) 애정 어린 관계를 맺어나가기를 바라는 마음으로 이 노래를 떠올려보았습니다.

누구와도 같을 수 없는,
자신만의 하루를 보내고 있을 당신에게

편지를 하나씩 읽어보는 여러분의 마음이 어땠을지 궁금합니다. 제 편지가 자신과 타인을 이해하는 데 도움이 되었을지, 의아함이나 불편함이 느껴지는 부분이 많지는 않았을지도요. 이런 궁금함과 소망, 염려를 간직한 채로 편지를 마무리합니다. 여러분께 조금이나마 유용했기를 바랍니다. 편지들의 많은 부분이 마음의 공통된 속성을 다루고 있기에 각자의 고민을 풀어나가는 데 도움이 될 만한 단서를 발견하실 수 있었다면 좋겠습니다.

마무리하는 인사에 감사의 표현과 함께 어떤 내용을 더 담으면 좋을지 고민해보았는데요. 덜 낭만적인 방식임을 알지만, 마지막인데 뭐라도 손에 들려드리고 싶은 마음 때문에(사실은 요점 정리를 좋아하는 성격 탓에) 그동안 제가 제일 간절히 전해드리고자 했던 내용을 번호 붙여 나열하고픈 유혹을 떨치기 어려웠습니다.

아래의 문장들이 바로 몸에 밴 듯 수월히 적용되지는 않을 겁니다. 그럴 수 있는 사람은 사실 별로 없습니다. 다만 마음속 주머니에 넣어놓았다가, 무언가 괴롭고 헷갈릴 때 꺼내어 참고할 수 있는 메시지가 되기를 바라는 마음으로 적어봅니다.

1. 미우나 고우나 내가 나를 데리고 살아야 한다는 사실은 절대로 바뀌지 않는다는 것.
2. 나와 타인의 감정 모두 일단은 (가져도 되는 감정인지 아닌지 판단하기보다는) 일종의 현상으로 여겼으면 한다는 것.
3. 나 자신과 친밀해지는 것이 타인과 친밀해지는 첫걸음이라는 것.
4. 어떤 대상과 멀어지는 일은 버려지는 일도, 버리는 일도 결코 아니라는 것.
5. 각자가 고유하고 개별적인 존재로 있을수록 서로 더 잘 연결되고 친밀해질 수 있다는 것.

짧고도 긴 여정을 함께해주셔서 정말 감사합니다. 여러분의 삶이, 고유함과 친밀함 안에서 언제나 자유롭기를 바랍니다.

반유화 드림

1부

완벽하지 않은 나, 그래도 괜찮을까요?

Cheek, J., Kealy, D., Hewitt, P. L., Mikail, S. F., Flett, G. L., Ko, A. & Jia, M. "Addressing the Complexity of Perfectionism in Clinical Practice," *Psychodynamic Psychiatry*, vol.46 no.4, 2018.

Stober, J. "The Frost Multidimensional Perfectionism Scale: More Perfect with Four (Instead of Six) Dimensions," *Personality and Individual Differences*, vol.24 no.4, 1998.

중요한 일을 자꾸 미루게 돼요

허효선·권석만 「지연행동의 정의, 분류 및 측정에 대한 비판적 고찰」, 『한국심리학회지: 일반』 41권 1호, 2022.

Martinčeková, L. & Enright, R. D. "The Effects of Self-Forgiveness and Shame-Proneness on Procrastination: Exploring the Mediating Role of Affect," *Current Psychology*, vol.39 no.2, 2020.

Webb, R. E. & Rosenbaum, P. J. "The Varieties of Procrastination: With Different Existential Positions Different Reasons for it," *Integrative Psychological and Behavioral Science*, vol.53 no.3, 2019.

2부

간섭이 심한 엄마가 너무 버거워요

Barber, B. K. "Parental Psychological Control: Revisiting a Neglected Construct," *Child Development*, vol.67 no.6, 1996.

Bassin, D. "Woman's Images of Inner Space: Data towards Expanded Interpretive Categories," *International Review of Psychoanalysis*, vol.9 no.2, 1982.

Bishop, J. & Lane, R. C. "The Dynamics and Dangers of Entitlement," *Psychoanalytic Psychology*, vol.19 no.4, 2002.

사람들과 솔직하게 감정을 나누기 어려워요

Alperin, R. M. "Barriers to Intimacy: An Object Relations Perspective," *Psychoanalytic Psychology*, vol.18 no.1, 2001.

Ingram, D. H. "Remarks on Intimacy and the Fear of Commitment," *American Journal of Psychoanalysis*, vol.46 no.1, 1986.

Sobral, M. P. & Costa, M. E. "Development of the Fear of Intimacy

Components Questionnaire (FICQ)," *European Journal of Psychological Assessment*, vol.31 no.4, 2015.

3부

결혼 말고 다른 선택지는 없을까요?

김순남 「이성애 비혼여성으로 살아가기: 지속가능한 비혼, 젠더, 친밀성」, 『한국여성학』 32권 1호, 2016.

임국희 「'비연애' 담론이 드러내는 여성 개인 되기의 열망과 불안: 〈계간홀로〉를 중심으로」, 『미디어, 젠더&문화』 35권 4호, 2020.

제 외모가 만족스럽지 않아요

Choate, L. H. "Toward a Theoretical Model of Women's Body Image Resilience," *Journal of Counseling and Development*, vol.83 no.3, 2005.

Linardon, J., Anderson, C., Messer, M., Rodgers, R. F. & Fuller-Tyszkiewicz, M. "Body Image Flexibility and its Correlates: A Meta-Analysis," *Body Image*, vol.37, 2021.

Piran, N. "New Possibilities in the Prevention of Eating Disorders: The Introduction of Positive Body Image Measures," *Body Image*, vol.14, 2015.

회사에서 부당한 차별을 겪고 있어요

김예은·연규진 「20~30대 여성의 미묘한 성차별 경험과 심리적 디

스트레스의 관계: 여성주의 정체성 차원에 의해 조절된 분노의 매개효과」, 『한국심리학회지: 여성』 23권 3호, 2018.

Tabibnia, G., Satpute, A. B. & Lieberman, M. D. "The Sunny Side of Fairness: Preference for Fairness Activates Reward Circuitry (and Disregarding Unfairness Activates Self-Control Circuitry)," *Psychological Science*, vol.19 no.4, 2008.

최애를 계속 좋아해도 될까요?

김수정 「팬덤과 페미니즘의 조우: 페미니즘 관점에서 본 팬덤 연구의 성과와 쟁점」, 『언론정보연구』 55권 3호, 2018.

양인화 「페미니즘 리부트 이후 한국 아이돌 팬의 문화실천기록」, 『문화·경영·기술』 1권 1호, 2021.

조은수·윤아영 「BTS ARMY에서 페미니스트 팬으로: 3세대 K-Pop 아이돌 팬의 페미니즘 실천과 한계」, 『미디어, 젠더&문화』 35권 3호, 2020.